金融街10号丛书
The Series of No.10 Financial Street

金融街10号丛书
The Series of No.10 Financial Street

金融风云录

（二）

中央国债登记结算有限责任公司◎主编

全国百佳图书出版单位
时代出版传媒股份有限公司
安徽人民出版社

图书在版编目(CIP)数据

金融风云录(二)/中央国债登记结算有限责任公司　主编.—合肥:安徽人民出版社,2017.9

ISBN 978-7-212-09872-8

Ⅰ.①金…　Ⅱ.①中…　Ⅲ.①金融市场—研究—中国　Ⅳ.①F832.5

中国版本图书馆 CIP 数据核字(2017)第 227601 号

金融风云录(二)

JINRONG FENGYUNLU(ER)

中央国债登记结算有限责任公司　主编

出 版 人:徐　敏　　**丛书策划**:徐　敏　曾昭勇　白　明

责任编辑:李　芳　　**责任印制**:董　亮

装帧设计:张诚鑫

出版发行:时代出版传媒股份有限公司 http://www.press-mart.com

安徽人民出版社 http://www.ahpeople.com

地　　址:合肥市政务文化新区翡翠路 1118 号出版传媒广场八楼　**邮编**:230071

电　　话:0551-63533258　0551-63533292(传真)

制　　版:合肥市中旭制版有限责任公司

印　　刷:安徽省人民印刷有限公司

开本:710mm×1010mm　1/16　**印张**:15.5　**字数**:230 千

版次:2017 年 11 月第 1 版　2017 年 11 月第 1 次印刷

ISBN 978-7-212-09872-8　**定价**:36.00 元

上篇/宏观经济与政策

下篇/金融与债券市场

上篇/宏观经济与政策

HONGGUAN JINGJI
YU ZHENGCE

关注农村金融发展　缩小城乡收入差距

——专访厉以宁

《中国债券》：我们得知您前一段时间赴重庆就城乡发展差距问题进行了深入的调研。重庆市是我国西部的经济发展重地，也是国内首个统筹城乡综合配套改革试验区。通过这次调研，您对西部发展、城乡发展问题有哪些富有意义的发现？

厉以宁：在重庆调研时，我感到西部地区既要促进区域经济发展均衡，使其能更快发展起来，同时，也要走增加农民的物质资本、人力资本和社会资本的道路，努力做到城乡社会差别缩小。

当前，我国的城乡发展是非均衡的，城乡收入差距不仅存在，而且还在继续扩大。为什么会扩大？这要从经济发展需要的三种资本说起，也就是上面提到的物质资本、人力资本和社会资本。物质资本比较好理解，比如货币、厂房、机器、设备、原材料等；人力资本，就是体现在人身上的一种素质，包括人的技术水平、智慧、经验等；社会资本，则是指一种无形的社会关系、社会网络和人际关系等。三种资本的结合才能够创造收入、积累财富。

在我国的城市和农村,这三种资本分配是不均衡的。先看物质资本,城市有、城市居民有;但是农村没有,农民的土地是承包的,宅基地是集体所有的,农民盖的房子也没有产权证,所以物质资本差别很大。再看人力资本,城里的居民有文化、教育程度高、见识广;而农民学历低、缺乏技术、缺乏文化。最后看社会资本,城里居民的社会关系多,各方面社会联系都比农村要密切得多。

三种资本的差别造成了收入的差别。而且不止于此,随着经济的发展,城市里的三种资本会越来越多,而农村三种资本即使有所增加,与城市的差距却在越来越大。这就是当前城乡收入差距存在并继续扩大的重要原因。

对于东西部地区的发展差异,也是类似。西部虽然有丰富的资源,但未能在当地转化为资本,开采完就运走了,甚至把污染留在本地。

《中国债券》:按照当前城乡的自发发展,三种资本容易形成"马太效应"。那么在金融方面,可以采取哪些手段来调节和平衡三种资本在城市和农村之间的分配?

厉以宁:应该说,发展农村金融对于缩小城乡差别是有用的。农村物质资本不足,可以通过抵押贷款让农民获得一笔初始资本,用来扩大再生产;人力资本不足,可以通过助学贷款让农民有钱上学、由政府免费给予职业培训来解决;社会资本不足,这个需要学习温州人,温州很多企业家都是农民,通过自己进城闯荡、磨炼,积累社会资本。

《中国债券》:农村金融是我国金融业几年前就提出的重要发展方向

之一,但总体来讲,当前的发展还远不能满足农村的需求。您认为其中的问题是什么?

厉以宁:在调研中我们发现,现在农村金融存在如下几个问题。

一是农村的银行网点有收缩趋势。大银行不到下面去,现有农村金融网点主要来自农村信用合作社和邮政储蓄银行。从网点来看,农村金融实际上是收缩的,而且很多农民的存款在四大商业银行,而通过大金融机构的资金调配,这些存款最终都被转移了,交到市里、省里,没有留在当地。真正将能农村存款用在当地的金融机构,只有农村信用合作社和邮政储蓄银行,这对支持农村的经济发展来说是远远不够的。

二是目前成立村镇银行的条件太苛刻。根据现有的规定,要成立村镇银行,必须由一家中等规模、股份制的银行做控股股东,有些村镇银行想成立,但是苦于找不到这样的控股银行,成立起来很困难。为什么需要控股?监管部门是考虑股东要有经验,而村镇银行自身没经验。但经验不都是人累积起来的么?

三是按理说农村金融的作用应该是帮助生产者发展生产,比如,对种植户、养殖户提供资金支持,通过贷款慢慢把生产发展起来,走一条创业致富的道路,但现在一些地方变了,农村贷款以生活贷款为主。比如我们调查中经常发现,农民要盖房子、家里有人生病需要钱,就去贷款。这当然是必要的,但是对农村经济繁荣来说,帮助发展生产才是最重要的。

四是相关的法律法规还不完善。如发放抵押贷款,林权证是可以抵押的,因为中央有规定,林权可以抵押,林权上的树木可以抵押。但对于一般的农村房产,即使发放房产证也无法办理抵押贷款,因为法律没有正式允许接受抵押,目前我国《担保法》《农村土地承包法》都没有相应条款。银行会担心，对于这种情况，放贷以后将来出风险怎么办？

五是资产变现渠道不畅。这次调查中我们发现，即便农村能正式实行土地抵押贷款、房屋抵押贷款，银行也担心如果借贷人还不上钱，他的房子、土地归银行了，银行变成了地主、房东，但这些资产怎么处理？目前还缺乏恰当有效的处理方式。

第六个问题就是捆绑担保也存在风险。现在农村实行联户担保贷款，把五家人联在一起互为担保来申请贷款，有的地方也叫捆绑式贷款。但在执行过程中，银行逐渐发现了问题：如果一家到期不还贷款，那么五家就统统不还了。怎么回事？因为大家互为担保，他既然不还了，要我们替他还，那索性我也不还了。捆绑担保的结果反而是形成这种情况，影响就更不好了。

《中国债券》：对于解决上面这些问题，发展西部的农村金融，您觉得有哪些可行的思路？

厉以宁：关于发展农村金融，个人有以下几个建议：

前一段时间我们在重庆调查，重庆是统筹城乡综合配套改革试验区，所以我们首先向重庆市领导建议，可以尝试通过立法出台适合本市的关于农村房屋抵押贷款、宅基地使用权贷款和承包地使用权贷款的规定。出台了这些规定，地方银行发放贷款就放心了。

第二项建议，是学习其他省的经验，建立信用担保中心和农村产权交易中心。在其他地方我们考察过，建立这两个中心非常有用。信用担保中心建立了，农民可以通过中心来申请银行贷款，这样，在银行和农民之间就搭建起了一个桥梁。而信用担保中心要替农民担保，首先就要对农民的资信情况、财产情况进行调查。根据已有的地方经验，信用担保中心主要是依靠当地的民政部门，如街道办事处、村委会等基层组织进行调查，效果奇佳。银行难以掌握的情况，如贷款人是否有赌博恶习、是否有没申报的房产，信用担保中心都能了解到。农村产权中心是什么意思呢？刚才我讲银行怕，银行怕用房子、土地来还债，资产无法处理。有了农村产权中心就可以解决这个问题。如果抵押贷款到期不还，银行可以通知产权交易中心，把名单公布出来，将他的房产、土地使用权在网上进行交易，帮银行拿掉“包袱”。重庆目前只有土地交易中心，没有房屋的交易中心。如果都有了，贷款就可以安心放贷了。

还有一条建议，就是给农民贷款，无论是解决生活困难的贷款，还是为了发展生产的贷款，都可以免利息。利息由谁交？由财政部门交。重庆市采取的一个办法是，本来要给贫困县、贫困农村的财政补助，先不给。将这笔财政补助款用于代付利息，鼓励农民贷款，也鼓励银行放款。这样，农民不用交利息，银行也愿意放贷。这对银行经营来说很重要，尤其是在抵押担保的前提已经解决的情况下。

《中国债券》：除了发展农村金融外，还有哪些手段可以促进城乡差别的缩小？

厉以宁：缩小城乡差别，要依靠一次分配、二次分配的共同努力。通过发展农村金融提高人力资本、帮助农民创业，是在一次分配的层面，这是有用的，但还不够。一次分配的不足之处要靠二次分配来弥补，就是要进行社会保障制度的改革。

说到这里，我想起经济学界的一场争论。在20世纪30年代初，西方国家发生了大萧条,失业问题严重。当时经济学的主流是英国的新古典学派,这个学派的经济学家提出解决失业问题最好的办法是一个人的工作两个人做,一个人的工资两个人分,一个人的饭两个人吃,这样失业问题就解决了。当时,瑞典学派有位年轻的经济学家叫缪尔达尔,以后得了诺贝尔经济学奖。他和他的同事给瑞典政府写了一封失业调查报告,提出解决失业问题,就要解决老百姓的后顾之忧。那么应该做什么呢?应该大量盖社会保障房,可以出租,可以出卖。应该教育免费、公费医疗、进行失业救济、有养老金保障,这些工作都做了,失业问题就会缓解下来。瑞典政府这样做了,福利国家就这样开始了。在“二战”结束之后几年,西方经济学家回顾20世纪30年代初大危机期间各个学派的就业对策问题,讨论后认为新古典派是错的,其做法可以解决一个企业内部的失业问题,但不能解决社会失业问题,因为社会总购买力没提高,而解决社会失业问题,需要提高社会购买力。经济学家认为,瑞典学派的理论是有效的。因为解除了人们的后顾之忧,就会有更多的人敢于消费,内需就扩大了,内需扩大以后,一批人就业了,就业者又有消费,让新的一批人就业了。

根据这场讨论来思考当前中国缩小城乡差别,我们应加快进行社会保障体制的改革,早日实现城乡保障一体化。当前,农民的初次分配少于城市居民,而二次分配同样少于城市居民,这是不行的,一定要走向城乡保障一体化。虽然这要花钱,但这个钱花的是值的。因为它既提高了人民生活水平,又有利于缩小城乡收入差别。

《中国债券》:目前我国城乡居民大多数的社会就业通过民营经济来

实现，未来民营经济在缩小城乡差距中还能有哪些作为？

厉以宁：应该说，民营经济在这方面还可以作出更大的贡献。比如西部农村缺金融，民营资本可以搞农村金融机构，去设立村镇银行、小额贷款公司等，帮助农民发展农村金融。民营经济有职业技术培训的产业，职业技术培训能够早日把更多的农民培养成熟练技工，既是为民营经济增添熟练的劳动力，也为当地农民提高收入做了很好的训练准备。

另外，民营经济应该对城镇化建设作出更多的贡献。城镇化建设中有一个大难题，就是就业问题。这个问题不解决，农民进城后城市就会容纳不了那么多就业岗位。就业问题要考虑微型企业的发展问题。一个微型企业需要满足两个条件，首先是包括投资者在内，在 20 人以下；第二个条件是资本金在十万块钱以下。我们在重庆调查了微型企业，为推动微型企业的发展，重庆出台了很多措施：一是资本金不够十万元的，政府给补齐十万。这个补是什么意思呢？政府先借钱给你补充资本，等赚钱后再还；第二是减税；第三是给你的贷款作担保；第四是进行职工免费培训；第五是简化企业登记、银行开户等手续。结果，一下子在重庆就掀起了全民创业热，大学毕业生、下岗工人、农民工、退伍军人、残疾人、三峡库区移民……都来创业。重庆一年内增加了一万多家微型企业，吸纳了十万人就业。所以在让更多人就业方面，民营企业可以发挥更大的作用。这也是民营经济在缩小城乡差距中所尽的社会责任。

（本文原载于《中国债券》2011 年 6 月刊）

对当前宏观经济形势的分析及前瞻

王毅

在2008年国际金融危机爆发之后，全球经济呈现出一个大的下滑态势，中国经济也深受影响。按照国家统计局公布的数据，中国经济表现最差的时间段是在2009年一季度，当季增长只有6.5%，但从环比数据看，宏观经济最差的时间段是在2008年第四季度，当时受金融危机影响最大的地区就是以出口导向为主的珠三角地区。

其后，全球经济在各国出台经济拯救方案和刺激政策后开始企稳。在这个过程中，中国经济在4万亿的一揽子经济刺激政策下迅速走好，宏观经济呈现"V型反转"态势。2010年第一季度GDP同比增速达11.9%，增长水平超过基本的趋势线，恢复之快超乎预期。因此，在一季度之后，政府重新评估宏观经济形势，在二季度启动了对过热房地产市场的调控，以及进一步推进人民币汇率形成机制的改革，下调了对"两高一资"产业的出口退税。这些措施的出台，很大程度上是对中国经济向好充满信心

本文根据作者在"债券市场热点问题座谈会"上的演讲整理而成，作者时任中国人民银行调查统计司副司长。

的体现。

随着调控政策的逐步落实，根据我们近期对企业家、银行家所做的经济景气抽样调查，无论是宏观经济热度指数、经济热度预期指数还是信心指数，都是较为乐观的。但也出现了新的情况，就是近两个月物价持续走高超出了市场普遍的预期。

经济增长水平比较乐观

对经济增长态势的判断可以从产出和支出两方面看。首先从产出方面分析。我国 GDP 核算是以生产法为主，根据国家统计局公布的 GDP 数据，今年基本呈现前高后低的态势。前 11 个月，工业增长了 15.8%，比上年同期高出 5.5 个百分点，表现还是相当不错的，虽然同比增长幅度在缓慢向下，但是从环比数据看，三季度以来降幅在趋稳。在二季度，由于当时对房地产进行调控，4 月份至 7 月份的月环比速度都在 1%以下，市场对工业下滑的担心较多，而此后随着信贷出现一定的松动，以及发改委出台了一些措施进行微调（比如清理 4 万亿投资项目，对尚未开工的项目加快推进实施建设，新批准了一些项目工程），使得工业增长出现回稳，8 月份以来的月环比速度都在 1%以上。

测算工业增长的一个重要指标是工业产出缺口。在危机期间，工业产出缺口都是负的，并且绝对值较大，当时生产衰退程度比较严重，大量的产能没有得到有效利用。随着经济的复苏，工业产出缺口从 2009 年年底开始变负为正。2010 年二季度工业产出缺口在急剧缩小，而到了三季度，工业产出缺口又开始放大，11 月份工业增加值产出缺口为 1.44%，比上月扩大 0.44 个百分点，这也反映出经济稳定向好的一个态势。另外，制造业采购经理指数(PMI),在11月份达到55.2,连续4个月回升,应该是比较好的状态了。

从国外需求看,我国进出口在危机中受到较大的冲击,当然相较全球经济和贸易的下滑,我国下滑的幅度相对较小,但即使如此,也对国内经济造成了很大影响。随着危机的消退,进出口规模又开始迅速恢复。到2010年一季度,进出口总量已经恢复到危机前的水平,特别是在进口方面,上半年累计增长在50%以上,说明当时国内需求的快速回升导致对进口需求的增加很快。出口在下半年继续恢复,前11个月增长33%。11月当月的进出口数据都比较强劲,总体上看,今年贸易顺差的规模与去年基本持平,会超过1900亿美元,外贸对经济增长的拉动已经恢复。

从国内消费来看,目前的名义消费增长速度在18%以上,是相当高的,受价格上涨因素拉动,实际消费没有上年高,但仍然在15%以上。去年物价是负的,实际消费高于名义消费,而今年CPI会超过3%,实际消费增速在向下走。(见图1)

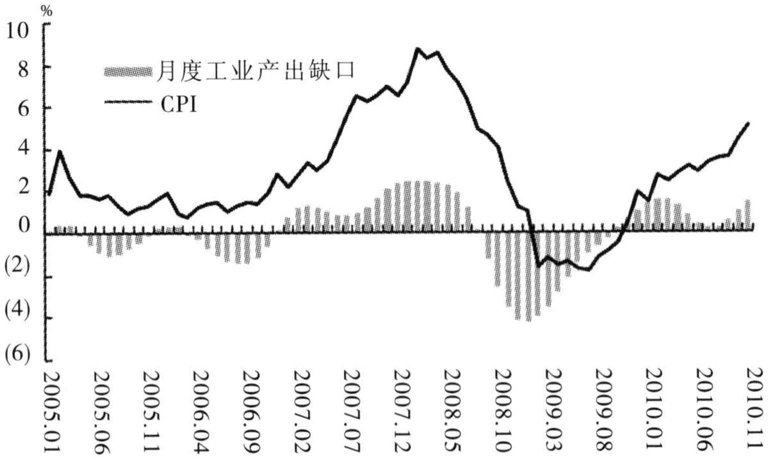

图1 工业产出缺口趋势

从国内投资看，2009 年增速达 30%多的固定资产投资是非常态的，主要是在 4 万亿投资拉动下产生的，而且以中央政府的投资增长拉动较多。今年就目前情况看，中央投资项目在大幅度下降，地方投资项目在走稳。值得注意的是，占全部投资大头的民间投资在逐渐上升，前 11 个月的增速快于国有及国有控股投资 10 个百分点，这是经济恢复健康持续发展一个很好的迹象。目前从新开工项目来看，数量虽然有所减少，较去年同期减少了 15000 多个，但投资项目计划总投资的规模今年前 11 个月达到 17 万多亿元，而去年同期只有 13 万多亿元。目前在建项目计划总投资的规模，无论是比较名义绝对量，还是比较相对于 GDP 的比重，都是历史最高水平，投资对经济增长的拉动及其可持续性都是有保证的。今年房地产投资上升得很快，这里面有一个重要因素，就是国土资源部改变了房地产投资土地预售出让金管理办法。过去是分多年交清出让金，现在只要开发商买地，就要集中交清，这马上就体现到固定资产投资支出中。扣除这一因素后与往年相比，实际的房地产投资没有那么高。

综合产出和支出两方面看，目前的经济增长速度并不低，从支出角度看甚至远高于基于产出的核算，需求仍然相当旺盛，不应该有什么经济二次探底的担心。从中国过去的情况看，对速度也不用过于担忧。

物价上涨与货币高增长密切相关

从 2003 年本轮经济周期启动以来，最终物价水平年均上涨 2.6%。在相当长的时间段里，政府把涨幅 3.0%作为物价调控目标，基本上符合历史运行的情况。现在有一种观点认为，由于中国的经济增长速度高，中国的物价调控目标是否需要调高到 4%甚至 4.5%以上，我个人认为并不适宜,目前的价格涨幅已经较高了,对居民的心理和实际支出已经产生了很大的影响,如果政府再将物价调控目标上调,反而会加重物价上涨的预期,不利于稳定物价水平。

从物价的运行情况来看,2009 年物价整体水平是-0.7%,从 2009 年 10 月份以后物价开始迅速回升。市场在年初预期物价会回升到 2010 年 7、8 月份,达到年内的高点并持续到 9 月份,而到四季度,特别是 10 月份以后应该回落,主要是基于翘尾因素在 6、7 月份达 2.1%,是年度的最高点。10 月份 CPI 上涨 4.4%,11 月份进一步攀升到 5.1%,的确出乎意料。从结构上看,推动当前物价持续上涨的因素主要是两个方面,首先是食品价格,食品在 CPI 所占权重为 32%左右;其次是居住价格,占 CPI 权重为 14%左右,这两种因素的叠加对物价上涨的影响占到 90%以上。从居民的日常生活感受中也能反映出上述的结构变化。正因为 10 月份物价超预期增长,导致了央行再度实施加息以抑制通胀。

导致物价上涨的另一个重要因素来自国际资源价格的变动。二季度受欧洲主权债务危机的影响,全球资源价格向下调整,使得中国进口上游原材料和大宗商品的价格成本降低。但三季度后,美国开始新一轮美元量化宽松政策,一出手就是 6000 亿美元,马上导致包括原油和有色金属在内的全球资源类大宗商品价格上涨。

由此可见,国内、国际多种因素导致了物价持续上行,如果仅从国内供给和需求两方面看,并不存在大的供求失衡因素推动物价大幅上涨,关键还在于从货币信贷角度进行衡量。虽然物价和货币的关系在短期内可能出现偏离,但长期衡量,持续的物价上涨总能看到货币的因素。2009 年人民币贷款新增 9.6 万亿元,加上外币贷款,超过 10 万亿元。超常规信贷增长导致2009年M1、M2上升幅度很快,到2009年9月份以后M1增速超过M2,在最高点时,M1增长达39%,M2增长接近30%,到2010年11月,已经连续14个月M1增速超过M2。而历史经验表明,只要货币高增长,M1高于M2,滞后大约6到12个月后,物价肯定会上升。从1990年以来,M1持续超过M2大概出现过5次,此后均出现了较快的物价上涨。

货币高增长主要源于外汇占款增加

到2010年11月份,广义货币M2增长19.2%,货币增长的幅度高于调控目标,并且在过去四个月增速在回升,这对价格的压力很大。导致货币增速上升的主要两个原因就是外汇占款和信贷投放。贷款最近5个月连续同比多投放,而在外汇占款方面,10月份外汇占款增长了5400多亿元,同比增长了2900多亿元,成为2008年以来增长最多的一个月。

今年对货币信贷的调控目标为新增信贷规模7.5万亿元,执行到10月份的时候,表内贷款已达到6.9万亿元,到11月已经达到7.46万亿元。如果算上有规模而还没有放出去的贷款,全年新增贷款不超过7.5万亿元很难。除此之外,商业银行的表外理财科目也值得关注,特别是其中的回购业务和年中被银监会叫停的银信合作业务。商业银行表内、表外的资产项目都在较快膨胀,其对应的都是负债方的存款,是货币供应量,因此,即便是目前压了表内的贷款规模,货币增长的速度也难以降下来,预计全年M2的增长仍会达到19%以上,市场的流动性仍然相当充裕。(见图2)

货币是作用于经济的,面对如此高增长的货币,自然会引起是否有超额货币供给的争论。从相对货币规模来看,从2009年到2010年,连续五个季度信贷货币增长超过经济增长水平;从2008年四季度到2010年三季度,广义货币M2增长扣除经济增长和物价变化后的缺口平均为13.0%,比此轮经济周期以来2003年一季度到2008年三季度的平均水平高10.4个百分点。即便考虑到3.7%的货币流通速度下降(2000年到2008年的平均水平),依然有9.3个百分点的缺口。用绝对水平来衡量,当前中国的M0为4.2万亿元,占GDP的比重大约11%;M1为25.3万亿元,约为GDP的22%;M2为70万亿元,约为GDP的180%。而从国际上看,美国的M0是全世界流通使用,才9200多亿美元,只占美国GDP的6%左右,美国的M2为8.7万亿美元,才占GDP的60%。为实现相同规模的GDP,我国需要的货币量是美国的数倍。根据货币学派的观点,通胀问题归根结底都是货币问题,这么多的货币肯定要导致价格上涨。

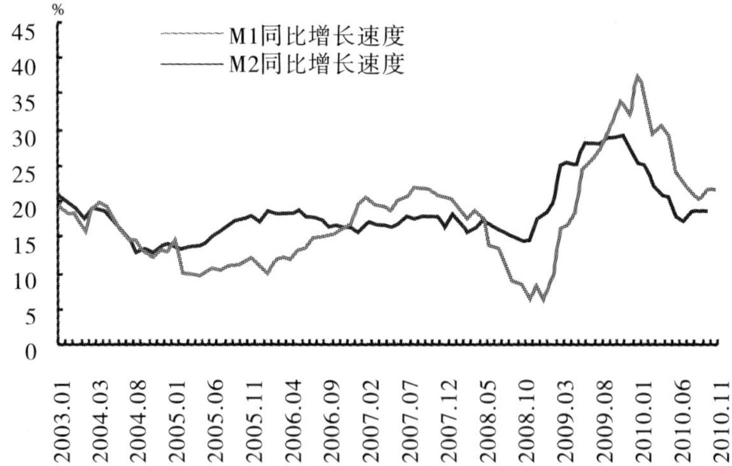

图2　M1与M2同比增长速度比较

而导致近十几年中国货币高增长的最重要因素就是外汇占款不断增加,促使央行被动投放相应数量的货币。当前80%以上的基础货币投放是由外汇占款增加所导致的。2000—2009年间,中国外汇储备年均增长

31.5%，外汇占款年均增长28.7%，由于实行了对冲操作，这期间基础货币年均增长15.7%，使市场流动性保持了合理增长，最终贷款年均增长15.2%。（见图3）如果没有中央银行的对冲，按照期间外汇占款增加额来投放基础货币，中央银行需净投放基础货币约18.52万亿元。假定货币乘数为5倍，那么，货币供给将会增加近92.6万亿元，这一数额是非常惊人的。在此期间，由于对冲操作的结果，M2实际增加47.2万亿元。可见，如果没有中央银行的对冲，难以想象目前的市场流动性会泛滥到什么地步，物价又会攀升到什么地步。但是，央行的对冲也是有成本的，仅仅依靠央行来控制这些超额的货币，比如不断提高准备金率或者不断增加对冲操作力度、发行更多的央行票据，是有一定困难的。比如在央票发行方面，目前央票存量已达4万多亿元，平均每期发行利率超过3%，通过简单计算就可以看出央行为控制货币投放进行对冲操作的成本，而这些成本都反映在国家财政上。

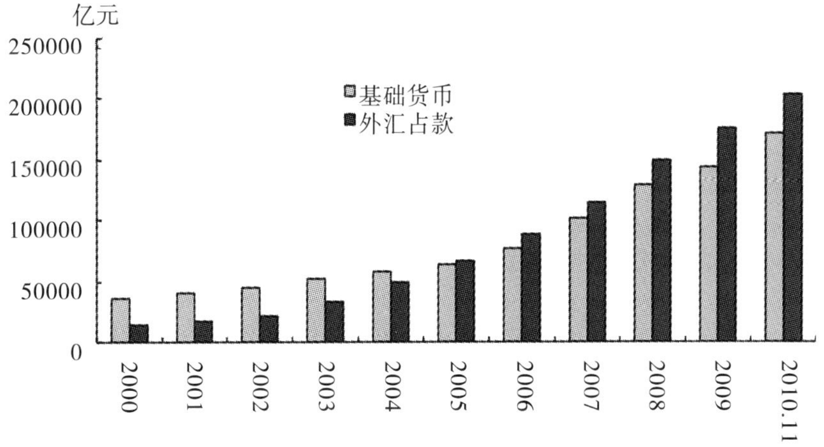

图3　基础货币与外汇占款余额

为什么我们会走到今天这一步，有这么多的外汇储备，导致这么多的货币投放?这恐怕只能从中国的经济增长模式上找原因。长期以来,中国经济一直是高出口、高顺差、高利用外资,外汇储备不断增加,这给国内带来的一个影响就是造成大量的货币被动投放,从而造成流动性问题和由此引发的物价上涨压力。进一步追究,是由于我们持续地保持了正的储蓄投资缺口,是我们持续保持了远高于世界平均水平的储蓄率,国内住户在不断压缩消费水平。可以说,我们巨额外汇储备的增长相当于国内居民牺牲自身消费需求在补贴发达国家的居民消费,而这些还反过来对国内的物价造成了巨大压力,制约国内实际消费水平的进一步提升。所以,中央多次强调要贯彻科学发展观,加快经济增长方式转变,由主要依靠投资、出口拉动经济增长转向依靠消费、投资、出口协调拉动转变。

宏观调控面临转向

从进出口、投资、消费所综合衡量的总需求角度看,中国经济今年的增长速度还是比较高的,即便是四季度同比增幅惯性向下,预计 GDP 全年保持在 10%左右甚至略高一点的水平是完全有可能的。伴随着经济增长的好转,就业形势也较为乐观。今年的就业目标是 900 万人,而按照目前速度测算,全年就业水平能够超过 1100 万人以上,高于年初制定的目标。物价年初目标为 3%左右,现在看来全年物价上涨在 3.3%左右。在国际收支顺差方面,我们也面临着较大的国际收支顺差调整压力。从宏观调控这四大目标的实现情况来衡量,当前宏观经济面临的最大问题,不是增长缺乏动力的问题,而是是否存在过热的问题。如果基于这样的判断,明年宏观经济调控的思路需要有一个较大的转变。12 月 12 日结束的中央经济工作会议已经提出,明年要实施积极的财政政策和稳健的货币政策。

中央已经提出,在加强和改善宏观调控中,要把稳定价格总水平放在更加突出的位置。实施稳健的货币政策,关键是要把好流动性这个总闸门,把信贷资金更多投向实体经济。面对仍然在持续增长的外汇储备,对于不断增加的外汇占款,应该继续利用好量和价的手段,把过多的流动性都逐步收回到中央银行资产负债表这个池子中。

在财政政策方面仍将延续积极的财政政策。目前中国的财政债务余额占 GDP 的比重不到 20%,而美国的占比已经超过 90%,日本超过 200%。同时,中国的财政收入在不断增加,有报道说今年前 11 个月财政收入已经完成全年的任务目标,实施积极的财政政策不但有需求,也有能力。因此,在宽松货币政策退出后,财政方面也足以对投资和经济增长发挥作用,对经济结构调整发挥作用。

(本文原载于《中国债券》2010 年 12 月刊)

促进政策性金融与民间资本、中小企业的对接

——专访贾康

《中国债券》:自2010年年底以来,随着人民银行连续两次加息,企业融资成本加大,中小企业融资难问题愈发突出。我们知道您对中小企业非常关注,调研了不少相关案例,也做了很多研究。您认为我国应该采取什么样的思路来应对这个问题?

贾康:中小企业在发展中存在着融资的难题,这也是一个世界性的难题。在我国这么多年的经济发展中,虽然不断强调提高对中小企业融资的支持力度,但进展不大。在世界金融危机的冲击下,最近两年我们更听到很多中小企业融资难的议论。

分析中小企业融资难背后的原因,显然与市场经济中的“市场缺陷”有直接关系。市场经济在常规发展过程中形成了商业性金融体系,而这自然而然是一个锦上添花的运行机制:作为商业性定位的银行和金融机构,选择贷款支持对象的时候,首先要考虑如何操作成本最低、风险最可控。对于银行而言,为中小企业融资的实际成本付出比大企业高出十几

贾康时任财政部财政科学研究所所长。

倍甚至几十倍，且为中小企业融资的风险又明显高于大企业，这是一个基本事实。因此，商业性金融优先考虑支持大企业大项目无可厚非，其运行结果也是一种资源配置在市场基础层面上的优化。

但同时，中小企业怎样得到配套支持，这个问题需要得到更多的重视。要破解这个难题，我认为需要发展政策性金融来发挥雪中送炭的作用。而且，我认为应该正面提出：在中国经济的总体发展中，完全应该以战略高度来通盘、协调地考虑，是不是需要构建一个政策性金融体系这一问题。

事实上，在上世纪 80 年代末 90 年代初，已经明确提出了政策性金融与商业性金融分道扬镳的思路，各行其道，双轨运行。在具体机构设置上，组建了三家国家级的政策性银行；在信用担保方面，建立了国家级的中国经济技术投资担保公司。虽然没有明确“政策性信用担保”这一表述，但实际上包含此意。以后在各级地方政府层面，先后出现了几千家政府背景的信用担保机构，之后，其他商业性的担保机构也像雨后春笋一样顺应经济社会发展出现了。

《中国债券》：我国的这些改革实践为什么没能解决中小企业融资难问题？在发展中遇到了哪些障碍？

贾康：据我考察的结果，在政策性金融和商业性金融分道扬镳之后，在怎么形成合力共同建设经济方面，碰到了挑战与困惑，现在还存在不少模糊之处和困难，没能得到理清。在我国近年的探索中，在上一次国家金融工作会议后，在政策性金融具有“带头大哥”地位的国家开发银行被要求商业化；另外的两家政策性银行，据我了解，起政策性融资支持作用的范围也已比较有限。在地方层面,那些被明确要求从事政策性担保的机构普遍存在"两难":虽一开始决策层的态度很鲜明,财政的支持也能跟上,但之后财政往往由于种种原因不肯跟进,机构于是陷入两难——如果按照政策初衷继续支持中小企业的融资担保,在代偿损失接连发生之后用不了多久就会出现资本金萎缩,对各方无法交代;如果要维护账上资产的保值增值,就不得已要追求短平快,从事一般商业化运作的业务,从而放弃了政策性的初衷。目前,这种两难已经普遍发生。各地做了很多积极的努力去化解两难局面,但是并没有很成型的经验。从国家金融业的整体格局来看,我认为目前政策性金融体系的战略框架仍然是很不清晰的。

在实践中,我认为国家开发银行的做法值得关注。国开行虽然被要求商业化,但据我观察,面对金融危机压力,它不得不做——同时也拥有内在动机和愿望去做了一些事情,包括贯彻政策意图、走出去、抓战略重点等。国开行在这几年不声不响做了很多具有非常鲜明政策性融资色彩的事情。当时中央金融工作会议给国开行留了一条"尾巴"——重点从事长期投资。长期投资怎么理解?开行定义为"开发",以开发性对应长期投资,以中和多种矛盾和困惑。实际上,它并不能把自己简单等同一个商业性的金融机构。国开行的这套机制是怎么理顺的,我觉得应该实事求是地在理性、前瞻的视野下进行探讨。

而在地方层面,我觉得,从省级到下面的市县级,需要进一步正视现在民营企业、中小企业发展面临的融资难题,找到守正出奇的全套思路和要领。

《中国债券》：您所说的“守正出奇”应当作何理解？

贾康：我所说的“守正出奇”是指在财政政策与金融的配合上所采取的思路。所谓“守正”，就是承认经济、金融以及财政与金融的配合，都具有规律性，不能说自己要创新，就可以忽视对这种“人间正道”的认识和把握；但简单地按照教科书已有的观点以及发达市场经济体总结出的经验，是否就能够把握规律、解决中国现代化过程中金融发展的问题呢？似乎还不够，因为中国自身具有非常明显的特点，在面对每一个具体需要考虑的金融支持对象时，必须考虑对象的个性，考虑应当采取什么样具有针对性的对策来“出奇”制胜。从国情、省情到具体融资支持对象，只要针对性的政策处理得好，一定会有助于形成后来居上的赶超。

最近一两年，我国先后提出十几个区域发展战略，这些战略都已上升为国家战略。在实现区域战略发展的过程中，就需要我们在守正的基础上，设计出支持超常规跨越式发展的奇谋，其中，能够对特定的后来居上发展过程给予有效支持的财政政策和金融的结合，是非常重要的。我把它理解为，在常规金融发展过程中，即在中国市场经济所必需的商业性金融发展过程中，还应正面地讨论政策性融资和政策性金融体系构建的重要性。

《中国债券》：商业性金融是大家非常熟悉的。但对于政策性融资乃至政策性金融体系的构建，我想很多人都比较陌生。您能否具体介绍一下这是一种什么样的机制？这一机制是如何破解中小企业融资难题的？

贾康：在这些方面，可以简单介绍一下观察到的国际经验。

无论是老牌资本主义国家——曾经“日不落”的英国，还是后来崛起、现在仍然是世界头号强国的美国,它们在政府体系中都有专门的中小企业局或者中小企业署,这种政府机构得到预算里透明规范安排的资金。可以看到,美国始终在坚持可控、可以预期地对中小企业作出融资支持。

政府的具体支持方式主要有两条:第一是采取贴息的方式;第二是采取信用担保的方式。这两套方式的机理是相同的,都是财政出一部分资金后去承担风险,从而降低整个融资环境中融资门槛的高度,以使更多的中小企业得到融资支持。其中的风险,对于贴息方式而言就是项目失败,对于信用担保方式而言就是发生代偿。只要将风险控制在相对低的比重上,财政部门源源不断地把风险承担起来,中小企业融资局面就可形成并可持续了。但同时,这种融资机制也要求财政之外其他的主体参与,如企业、商业银行和其他可能参与的商业性信用担保机构等,大家形成一个风险共担的关系。

尤其是在世界金融危机冲击之下,美国还特别将中小企业署发挥作用的乘数增大,也就是提高政府方面承担风险的比重——比如对最低规模的小企业,政府方面承担的风险份额原来为85%,在金融危机冲击到来的时候,这一份额提高到90%,特殊情况下甚至提高到95%。

战后迅速崛起、被称为创造经济奇迹的日本,也有一个重要的发展经验,就是有一个更放得开的财政投融资体系,实际上就是政策性投融资体系。这个体系中,由国家组建的一系列政策性银行、机构一起配合,提供不同行业、不同方向上的优惠贷款。日本所实施的这些投融资政策性支持,对于其战后产业结构的升级换代、主打的经济增长点能速成气候,产生了非常重要的作用。简单地说,我所看到的日本人总结的经济腾飞经验包括:战后首先支持钢铁、煤炭这些重化工业增长点的恢复;到了20世纪50年代初，将重点转移到造船业，那时候世界造船业出现的重组机遇被日本抓住了，使日本造船业得到迅速提升；50年代后期，又转为支持发展自动化机械，随后日本人自豪地声称机器人保有量世界第一，明显超过了美国；到了60年代，其支持的重点转为半导体——一直延续下来是现在的信息技术。日本的发展轨迹对我们有明显的借鉴意义。当然也有其教训。到了90年代泡沫破灭以后，其金融系统也包括投融资体系，暴露了比较明显和严重的问题。但从国际经验这个角度说，我们不应该“把小孩子和洗澡水一起泼掉”。

其实严格来讲，美国这次发生的次贷危机和“两房”的政策性融资也是有直接关系的。政策性融资是把双刃剑，一方面可以支持某些产业超常规发展，另外一方面可能积累一些矛盾。在这方面，中国应该通盘考虑。我们是志在后来居上、实现赶超的一个发展中经济体，应该对政策性金融的利、弊做客观的把握，力争抑弊扬利。

《中国债券》：对于我国发展政策性金融体系，您有哪些建议？

贾康：我主要提出以下几点认识与基本主张。

第一，应该在战略的高度上充分重视政策性金融体系建设和从中央到地方各个层级的政策性融资的机制建设。这是和中国基本的“三步走”发展战略配套的现代经济核心部分的组成因素。比如从低保开始，一直发展到由政策支持的各种各样经营性的事项、所有的经济活动领域。筹资和投入支持分为多个层次，从简单的财政支出到带有融资色彩的政策性融资，再到商业性融资，形成无缝衔接，全方位覆盖整个经济生活。从这个角度来说，政策性金融由于能够克服“市场缺陷”、助推超常规发展，因而具有战略意义。

第二,中央和地方政府应积极推动“政策性资金、市场化运作、专业化管理、信贷式放大”创新机制的探索开拓。

这里所谓政策性资金,是指现在已经定位于政策性银行和金融机构(包括担保机构)的这些经济实体,应该得到可持续的财政资金介入和支持。财政资金应超越简单成本—效益分析概念下的直接效益追求,上升为追求综合效益、长远效益、社会效益、发展后劲、雪中送炭这些政策目标和社会目标。

同时,又要在这些资金的运用过程中形成尽可能好的机制。因此,紧随“政策性资金”其后的,是政策性融资中的“市场化运作”,即至少在形式上是和市场对接的有偿资金周转运用。继而是“专业化管理”,是指相关机构中运用这些资金的人员既要通晓金融方面的各种管理知识、专业知识,又应该能够较好地把握政策性的要领。

政策性资金、市场化运作、专业化管理,三者结合所追求的是一种信贷式放大效应,就是要体现通常所说的“乘数”效应。以财政资金拉动信贷资金,显现出乘数效应以后,能够起到“四两拨千斤”的效果,显然就可以应对和化解现实生活中的矛盾。不难算出:财政出钱贴息所占比例的倒数,就是资金的放大倍数。这样,财政资金实际上只是承担比较低百分比的损失,并被透明地安排在预算里。财政资金支出的可持续机制也就得到了保证。

《中国债券》:形成政策性融资机制的关键要素有哪些?具体应如何操作?

贾康：要形成这样一个机制，其中关键有两条：一是要有风险共担机制，二是要解决好融资对象的挑选问题。

风险共担也是重要的国际经验之一。据我观察，现在地方层面上很多的信用担保机构碰到的一个问题是，一旦表明自己是政府背景，那么相关的融资主体都认为你有财政后盾，应该把风险都担起来。然而，公共财政也要讲求绩效，如果百分之百由财政承担风险，相关机构感觉绩效无法交代，一定会离开，政策性融资的可持续性就没有了。因此，从机制上来说，风险共担是保证大家都产生管理上精益求精的动力，这是一个激励—约束对称的必要机制。在国际上，比如美国，非常强调这一观念。在危机压力之下，可以把政府承担的小企业项目风险提高到百分之九十五，但绝对不做百分之百的承诺，而一定要让企业承担一部分风险，促使企业自身特别注意防范风险、提升管理水平。在中国，我觉得这是需要进一步探讨解决的问题。

另外一个要点，就是支持对象怎么选？按照最新的数据，全国有超过千万家的中小企业，不可能都得到政策性融资的支持，必须挑选一部分，而且是占比不可能很高的一部分。这一部分到底怎么挑选出来？说到具体怎么确定项目，中国是个“人情社会”，谁能争取到贴息支持、谁能获得财政特定的信用担保，过去往往缺乏透明度、规范性。必须采取某种方式，抑制这一过程中设租、寻租行为的扩张。在这方面，日本过去特别强调两条经验，一个是项目决策上的专家集体决策制度——在中国可能还做不到专家集体决策，但至少专家要有比较充分的可行性论证，再进入决策程序；另外一条叫做内部外部的多重审计监督，包括常规的和随机多种形式。财政部门自己有表述，就是财政预算的编制、执行和监督在部门内部要相对独立、各行其道、形成制衡;外部则有审计、人大、政协和公众质询等多种监督。在中国要发展这样的配套机制。

当前,在浙江杭州西湖区财政部门支持科技型中小企业发展的实践中,在广西桂林恭城县支持新农村建设的实践中,都已经显露出一些上述运行机制的苗头,在草根层面将对发展有益的种种要素连接在一起,由财政介入支持了发展循环经济的设想。而在理论概念中,这样的实践完全可以看成中国实际生活中公私合作伙伴关系(Public-Private Partnership,简称PPP)的雏形案例。不要把国际上现在非常看重的PPP看得多么高远、多么遥不可及,在中国的现实生活中,有大量的现实因素要求各种各样的要素合在一起,就形成了PPP。而在这中间,政策性融资起到了媒介作用:对于商业性金融机构,拉动了商业贷款;对于政府管理,促成了雪中送炭工作的实施。

概括一下,就是我认为政策性金融机制是在中国现代化崛起过程当中PPP机制的一种重要形态,我们完全有理由让它登堂入室,在理论框架中给予必要的肯定,并支持其在实践中的探索与创新。

(本文原载于《中国债券》2011年2月刊)

加快经济体制改革　推进城乡一体化发展

——专访朱善利

《中国债券》：我们得知您前段时间参加全国政协经济委员会专题调研与研讨活动，就协调推进城镇化与新农村建设、我国市场经济体制转型等问题分别赴成都、烟台、威海等地调研。此前，您也就相关问题在广东、浙江、福建、河南、重庆等全国其他省进行了调研。能否请您谈谈对我国市场经济体制转型以及城镇化、新农村建设等问题的看法？

朱善利：通过几次调研，我深刻认识到，我国的城镇化、新农村建设构筑全国统一的生产要素市场。我国30多年的改革开放的重要实践是由计划经济体制向市场经济体制转型，取得的主要成功经验是全国统一商品市场的培育。为此，中央政府对阻碍全国商品市场建立的地方保护主义行为，例如阻碍异地产品进入本地市场的保护主义行为实行了严厉的制裁措施。曾经在不少地方出现的各种类型的关卡路障都被陆续撤除，尽管撤除的不够干净、彻底。反观生产要素市场，改革的步伐远远滞后于商品市场。

朱善利时任北京大学光华管理学院学术委员会主席。

目前，生产要素市场改革的滞后已经严重制约了中国的城镇化与新农村建设。改革开放以来中国的工业化速度大大高于城镇化速度。虽然第一产业的产值占总产值的比例已经降至10%多一些，但是城镇化率只有47%。许多农民进入城镇务工，但是并没有被城镇接纳。他们在城镇做事，但户籍和与户籍相联系的社会保障却在农村。土地仍旧是他们最终的保障。现行的土地制度使他们无法获得土地增值以及土地上建筑物所能产生的收益。城镇发展占用了农民的土地，但是给他们很低的补偿。问题的根源在于还没有形成统一的资本、劳动、土地市场。农民不能通过公平的市场交易行为获得要素收入。如果不能够像培育商品市场那样培育生产要素市场，就不可能推进中国的城镇化与新农村建设。

改革开放后，中国经济改革主要是在商品市场领域，而生产要素市场改革严重滞后。前几年经济学界一直呼吁加快生产要素市场改革，到现在为止进展很缓慢。目前，我们在劳动力、资本、土地三种要素市场存在的问题，主要包括劳动力市场上存在城乡分割的问题，资本市场上存在农村金融相对落后的问题，土地市场方面存在发展滞后的问题等，在资本、劳动力、土地三个市场中，劳动力流动的障碍仍然存在，资本市场非常原始，土地市场改革主要是农村土地改革，中国农村土地产权模糊，使用没有效率。中国改革从农村开始，但是这三十多年时间，除了家庭联产承包责任制度改革，到现在基本上都没有动过农村体制。我觉得农村的村或者组这种体制限制了劳动力流动，也限制了土地流转，应该打破这个体制，向社区方向发展。资本、劳动力、土地三个市场的这些问题不是一蹴而就，也不是能够轻易解决的。

《中国债券》：刚才您提到我国生产要素市场改革严重滞后，那么主要表现在哪些方面，对经济发展造成了哪些阻碍和影响？

朱善利：我们先看劳动力市场存在的问题。我国劳动力市场存在的主要问题是劳动力市场城乡分割。尽管政策并没有限制劳动力跨城乡、跨地区流动，但是农民工在工作种类、工作环境、薪酬待遇、就业培训、失业保障、养老保障、医疗保障等诸多方面和城市劳动力相比都享有不公平待遇。在住房、子女入学等方面更是遭受歧视性待遇。劳动力流动的障碍主要是户籍制。农民人进城，但身份没有变成城里人。与户籍制相联系的社会保障与福利与农民工基本无缘。连官方的失业统计数据也不考虑农民工情况。我国的失业统计数据公布的是城市登记失业率，根本不反映更为严重的农民工失业状况。

我们再看资本市场存在的问题。与城镇相比，农村金融非常落后。全国普遍缺乏为农民融资的渠道。本来农村落后于城镇，需要大量资金投入，但是，农民仅有的少量积蓄也被吸纳到城镇。使得发展农业和农村的资金更加匮乏。在市场经济国家，不仅厂房、设备是资本，居民住房也被作为资本投资。土地也可以通过证券化方式作为资本获得收益。但是中国农村集体土地上形成的投资不是资本，集体的厂房、农民的住宅不能自由交易、不能抵押贷款，形不成有效的资本，农民无法从厂房、住宅获得合法的资产性收入。农民也就没有能力进行资本再投资。由于集体土地投资所建的厂房不能抵押贷款，也就无法吸引其他资本投入农村的建设，使得城乡差距越拉越大。

我们最后来看土地市场存在的问题。相对于劳动力与资本市场，我国的土地市场更加落后，甚至不能说存在真正意义上的土地市场。土地市场落后的根本原因在于现行的土地制度。现行土地制度是土地国有和土地集体所有并存。国有土地可以在不改变国有性质的条件下进入市场交易;集体土地不能进入市场交易,导致土地管理的混乱。国有土地虽然可以进行市场交易,但是在交易中也存在许多问题。由于委托代理关系的存在,缺乏土地使用的激励与约束机制,各级政府通过卖地解决财政问题。集体所有土地由于产权不清晰导致使用效率更低。耕地抛荒,宅基地房屋闲置。农民在城市务工有人无房住,农村房屋闲置有房无人住,导致大量农村住房投资浪费。由于城市没有接纳进城的农民工,导致农民工最终返回农村。农民工把农村的住所作为自己最终的归宿,把承包地作为自己最终的保障。这使得很多农民不愿意放弃宅基地的占有,也不愿意将承包地永久转让给他人经营。因此,农村住房闲置、土地抛荒就是农民的理性选择。若这种状况持续下去,不仅会导致宅基地占用越来越多的土地,也会使得农村无法实现土地的规模经营。其结果是不但无法保证在实现工业化的同时实现城镇化,而且有可能威胁中国的粮食安全。因为越来越多的农耕土地被城镇发展占用、被宅基地占用。

《中国债券》:近期,国务院第六次全体会议对当前重点工作进行了部署,其中,宏观调控和“三农”问题是重中之重。生产要素市场改革是解决宏观调控和“三农”问题当中的重要措施之一,那么,您认为应如何解决生产要素市场存在的问题呢?

朱善利:第一,建立城乡统一的劳动力市场。要逐步取消户籍制并逐步消除与户籍制相联系的社会福利与社会保障的城乡差别。允许劳动力在全社会自由流动。在就业、职业培训方面对农民工与城镇就业者给予同等的待遇。养老、医疗、收入等社会保障要首先在省内做到全省城乡统筹,低收入省份由中央财政的转移支付解决社会统筹问题。在此基础上逐步过渡到全国城乡统筹,以利于劳动力在全国范围的流动,建立全国统一的劳动力市场。在子女入学、住房方面,应该让进入城镇的农民享受与城镇居民同等的待遇,以便使农民离土离乡后在城里安居乐业。这样做有助于农民放弃到农村占用宅基地,有利于节约土地用于发展农业。

第二,发展农村金融,统筹城乡资本市场的发展。大力发展乡村银行。要使每个村都能够有乡村银行的网点。对农村中已经存在的非正规金融要使其合法化,以便利农民融资、贷款。对农民宅基地以及住房给予同城镇居民同样的所有权与使用权,使得农民可以将自己的宅基地与住房用于租赁、出售、抵押,增加其财产性收入。在农村大力发展农业保险、抵押、担保、典当等业务。各级政府应该对乡村银行和农村金融组织给予政策支持。

第三,改革现行的土地制度。实行土地的用途管制,而不是土地的所有权管制。确立农户对土地永久的权利,既有利于土地的有效保护和利用,又利于农民利益的保护。

《中国债券》:那么您认为解决当前土地问题的根本点在何处,如何解决?

朱善利:目前,有些地方采取的措施是承包户将土地反包给集体或者通过土地入股的方式实现一定范围的规模经营。这种制度比农户的小规模经营具有比较优势,但是也存在天然的缺陷。

其一是所有权模糊。反包给集体的土地归哪一级集体所有?组所有?村所有?还是镇社所有?在土地的收益不断增长的条件下,这种模糊的所有权会带来无穷多的纠纷。

其二,这种反包方式仍旧没有从根本上解决规模经营问题。如果经营的规模扩大到原来的集体之外,如何突破原来的集体限制,使规模进一步扩大?

其三,退出障碍。因为现行的土地流转制度强调自愿、有偿。如果个别农户想退出这种反包关系,如何解决这一问题?在外部交易机会发生变化的情况下,很可能会导致农户产生退出动机。即使采取土地入股的方式,退出的障碍也没有消除。因为现行土地入股制度没有解决股权交易问题。没有交易就难以退出。我们知道,要素要想有效使用,必须使要素所有者有退出的自由。资本市场之所以要有退出机制,一方面是为了保护投资者利益,另一方面是通过退出机制解决资本的使用效率。也许改进现有的土地股份制度可以解决退出问题,例如允许股权交易与转让。但这是以土地所有权明确为前提的。

国内外实践证明,农业的规模化经营才能使得种植粮食获得比较收益。现行的土地制度阻碍了土地的规模经营,农民经营粮食的比较利益下降。由于现行体制下土地仍旧是农民的最终保障,他们不愿意将土地长期转包给他人。况且,土地有承包期限制,交易双方对土地流转合约关系能否长期维持都不具有信心,因为集体可以在土地承包期结束时改变原来的承包关系。因此参与土地流转的交易双方都没有在土地上长期投资的积极性,这导致土地投资不足,甚至土地撂荒。这样发展下去,国家的粮食安全无法保障。

因此,解决土地问题的根本是解决土地所有权问题。需要给农民永久的土地使用权与交易的权利。只有明确土地的权属,才能使土地得到很好的利用与保护,才能产生真正的土地交易市场。

《中国债券》:您认为在经济体制改革进程中,如何更好地缩减和消除城乡之间的收入差距,实现城镇化建设和新农村建设的目标,并最终实现城乡一体化发展?

朱善利:我们要建立城乡统一的劳动力市场,节约土地用于发展农业;要大力发展农村金融,统筹城乡资本市场的发展;要改革现行土地制度,确立农户对土地永久的权利。

要做好耕地保护工作,保证国家的粮食安全,防止城乡建设用地的过度扩张大规模占用农田。国家对于土地用途的管制尤为重要,应该规划农业带。对于适合种植粮食的区域纳入农业带,实施最严厉的耕地保护措施。对于农业规划带的干部考核办法需要改变。把耕地保护、粮食安全作为干部考核、晋升的主要指标,而不是把地区 GDP 作为考核的主要指标。

要推动土地占补平衡,实现土地资源的有效配置。在人口集中的大中城市发展工业和服务业具有比较优势,人口密度低的乡村适合发展农业。例如在上海、深圳、杭州等这样的大城市适合发展工业与服务业,不适合发展农业,如果也要在本地实施平衡,就无法优化产业结构。而一些农业大县,如果也要和大中城市一样发展工业,虽然可以做到土地的占补平衡,但是发展工业的经济效益远不如在大城市高。在越大的范围内实施占补平衡,就越能体现比较优势。国际贸易能够产生经济利益,就是基于这个原理。因此在全国范围内的占补平衡应该是现行土地制度下最好的选择。按照建立全国统一要素市场的要求,工业发展地区要承接农业保护区富余劳动力的转移,并解决其社会保障问题。

为了方便操作,作为过渡性措施,可以先从县内占补平衡,扩大到省内占补平衡,再到全国范围内占补平衡。随着城乡社会保障体系的统一构建,当进入城镇的农民和市民一样可以享受同等的养老、医疗、收入等保障时,当农民不再把土地作为最终的保障时,相当数量的农民将进入城镇,节省的宅基地和其他建设用地将会被复垦为农地。耕地不仅不会减少,还会增加。当城镇化率大幅度提高之后,较少的农民留在农村经营规模比较大的农业,会产生比较高的收益,粮食安全才会有最终的保障。

按照这种思路发展下去,城乡之间的收入差距将最终消除,城镇化建设和新农村建设的目标才会最终实现,城乡一体化的目标才会最终达到。

(本文原载于《中国债券》2012 年 1 月刊)

经济增速下调有限　投资拉动仍有空间

——专访屈宏斌

《中国债券》：在今年两会上，政府工作报告中把GDP增速降到8%以下，定为7.5%，这与近几年GDP的实际增长数据有明显差距。您认为应该如何理解这一数字背后的含义？您对今年中国经济增长的情况是如何预测的？

屈宏斌：今年增长目标定为7.5%并不是说经济基本面发生了什么根本性的变化，中国经济增长的基本态势仍然是良好的。可以从两个层面来理解增长目标下调：一方面，我们看到几乎所有的地方政府工作报告里提出的今年经济增长目标都在8%以上，中西部则在10%以上，中央政府有意识提出7.5%，是为强调不要一味地追求速度，要注重增长的质量和可持续性。另一方面，7.5%的目标应该理解为一个底线。

今年中国经济增长会有一定的下行风险——出口在未来几个季度都会继续走弱，这也一定程度上会对GDP造成下行的风险；房地产的调整至少在今年上半年还会持续，也会抑制房地产相应的投资；加上2011年

屈宏斌时任汇丰银行大中华区首席经济学家。

以来最严厉紧缩政策所造成的一些滞后影响,这些都会给经济造成下行风险,至少在一季度、二季度,经济增长放缓趋势不会改变。尽管如此,政策层面存在松动调整的空间,无论是货币政策还是财政政策方面,还都有进一步松动的空间。综合这几个方面的情况,经济增长目标即便是下调到7.5%,还是非常有可能超额完成任务的。预计今年的经济增长一季度可能在8.5%到8%之间,二季度开始走出低谷,全年在8.6%左右。

《中国债券》:一般认为,GDP保持较高的增速有助于增加就业,当前经济增速的放缓对今年的就业率会带来什么样的影响?

屈宏斌:GDP增速尽管会在今年有所回落,但仍可以保持在8.6%左右,对就业形成支持。在经济仍面临内外部因素引起的下行风险的背景下,政策层面也应积极应对。从货币政策的角度来看,存款准备金率还维持在历史高位,完全有空间可以继续下调;在财政政策方面,2011年以及过去几年超过20%的财政增收为实施积极的财政政策创造了有利条件。通过结构性减税、有针对性地扩大与就业关系紧密的中小企业以及相关产业的财政支出,都有助于在经济增速放缓的环境下保就业。

预期"两会"以后,政策放松的步伐会有所加快,具体表现在二季度存准率至少有两次下调的空间。新增贷款会继续逐月上升。到年中,如果CPI下降到3%以下的话,也会有一次降息的机会。

《中国债券》:谈到CPI,在2010年年中您接受本刊采访时曾对通胀压力作出了准确预测。您对未来的通胀情况是如何分析和判断的?

屈宏斌:近几个月,包括CPI和PPI在内的物价指数都有明显回落,显示通胀压力正快速减退。未来几个月，随着翘尾因素快速下降以及食品价格环比回落，CPI 同比仍将继续回落。1 月 PPI 大幅下降至 26 个月来的低点，同比略增 0.7%。预计未来几个月可能很快将看到 PPI 同比增幅落入负数区间。

前瞻地看，经济扩张的速度才是决定未来通胀压力的核心因素。GDP 增速仍在继续放缓，反映基本面走势的先行指数如汇丰制造业采购经理指数（PMI）显示出放缓态势，需求仍然处于收缩区间。在外需走弱的背景下内需尚未出现明显回暖，这些都决定了经济仍将在潜在增长水平以下运行，通胀压力继续减弱。

尽管近期以原油为代表的国际大宗商品价格回升再次引发市场对于通胀压力可能重新抬头的忧虑，但我们认为，中国经济需求面的因素才是决定性因素。当然这是在排除地缘政治突发事件影响的前提下。预期消费物价指数全年在 3%左右。

《中国债券》：我们关注到发改委表示今年将稳步推进电油气的价格改革，这对经济结构调整和通胀会带来怎样的影响？

屈宏斌：电油气的价格改革推进总体上对物价水平是一个向上的影响因素，但从长期来看，对于提升资源配置的效率、支持经济结构调整而言，资源价格改革是必经之路。今年消费物价指数 4%的年度政策目标已经给资源价格改革预留了充裕的空间。

《中国债券》：去年年底您即指出，2012 年将是政策宽松年。从政策面来看，这种宽松性将如何体现？

屈宏斌:货币政策的宽松将体现在市场流动性的相对宽松;而财政政策的宽松则体现为结构性减税和有针对性的支出增加。

预期今年货币政策的松动仍以数量型宽松为主,如M2的目标控制、新增贷款额度的制定等。日前央行公布的2012年货币供应量M2目标确定在14%,略高于去年末13.6%的实际增速。与此相对应的年度新增贷款可能在8万亿至8.5万亿元左右,明显高于2011年7.5万亿元的实际量。货币政策宽松也要考虑资本流入放缓、外汇占款规模缩小所造成的紧缩影响,并通过准备金率下调有所对冲。在公开市场操作方面的宽松更是央行可以灵活操作的。利率水平则可能到今年下半年消费物价指数下降到3%以下才会下调,预计为一次、下调幅度为25个基点。货币政策作为总量性政策,在宽松为主的基调下,就微观层面的流动性而言,无论银行还是企业,都将不会感觉像去年那样紧张。

具体而言,继2月24日央行今年年内首次下调准备金率50个基点之后,我们预期未来至少还会有两次总计100个基点的存款准备金率下调。未来准备金下调总计释放流动性将超过8000亿元。

《中国债券》:货币政策的宽松将带来流动性的宽松,如何促进这些资金向实体经济流动?对于当前正在推动的经济结构调整而言,这种宽松政策意味着什么?

屈宏斌:当前我们说货币政策宽松是相对于2011年紧缩的货币政策而言的。2011年的货币紧缩力度是2001年以来最严厉的紧缩。今年货币宽松的力度总体上是谨慎的,渐进的。央行倾向于根据实体经济的走势动态调整政策宽松的力度,政策目标是保持经济增长的平稳而不致快速下滑。这一点首先要明确。

此外,货币政策是总量政策,不是适用于调结构的政策工具。举个例子,银行放贷给产业政策支持和鼓励行业的企业,但实际的贷款有可能因相关企业追求更高的利率收益而转贷给其他非政策支持行业和领域,这也是去年影子银行规模膨胀的部分原因。调结构还是要看财政政策发挥更大的作用。

从长期经济结构调整而言,深化改革、激发民间投资和消费无疑是最根本的调结构和保持经济可持续增长的方法,但其效果的显现需要一定时间。短期内的财政和货币政策宽松以稳增长,实际上是权宜之计,以为改革争取时间和空间。

《中国债券》:从拉动经济的"三驾马车"来看,下一步的拉动力量主要来自哪里?

屈宏斌:市场普遍认为中国已经过度投资,因此无法再依赖投资来维持其经济增长。但我们并不认同这一观点。中国投资占 GDP 比重的确很高,达到 46%,但仍低于国内储蓄占 GDP 比重,这意味着中国国内储蓄资源并未得到充分利用。

更重要的是,中国仍处于城市化及工业化的进程中期,因而需要通过投资来满足对铁路、医院及工业厂房日益增长的需求。虽然近期基础设施建设提高了交通运输能力,但中国的铁路网络仍不及美国 1880 年的水平,仍有 80 多个人口达 500 多万的城市没有地铁。

我们估计中国平均劳动力资本存量仅为美国的 8%、韩国的 15%。换言之,中国的资本积累远未达到收益递减阶段,我们认为中国需要增加而非减少投资。

随着今年政府的政策导向由抗通胀转为稳增长，我们认为货币政策及财政政策将进一步放松以支持基础设施建设、保障房及水利资源等项目。此外，政府应当且可能放开包括公用事业、资源、医药及教育等行业以刺激私人投资。以上因素将支持 20%左右的投资增长，并对今年的 GDP 增速形成有力支撑。

（本文原载于《中国债券》2012 年 3 月刊）

国民经济运行正处于关键时刻

——专访郑新立

《债券》:今年以来,欧债危机持续蔓延,外需减弱,内需不振,地缘政治风险上升。在复杂严峻的国内外环境下,我国经济运行承受了较大的下行压力,二季度 GDP 增速为 7.6%,7 月份规模以上工业增加值同比实际增长 9.2%。您如何看待当前的经济形势?

郑新立:今年我国的确面临较为严峻的经济形势。这里有一组数字:1—7 月,全国固定资产投资 114480 亿元,同比名义增长 25.5%,增速比 1—6 月份回落 0.3 个百分点。社会消费品零售总额 114537 亿元,同比名义增长 14.2%,虽属正常增长范围,但与往年相比也略有下降。房地产开发投资由过去多年近 30%的增速放缓到 15.4%,增速比 1—6 月份回落1.2 个百分点。出口 11312.4 亿美元,同比增长 7.8%。7 月份工业、消费增速同比分别为 9.2%和 13.1%,与 6 月份相比略有下降。综合分析前 7 个月经济运行情况,可以说,投资、消费需求增长趋缓,现在是三季度,国民经济运行正处于最关键的时刻。

郑新立时任中国国际经济交流中心常务副理事长。

今年4月份我国经济增长形势已呈现出令人忧虑的因素,4月份工业增加值增速仅为9.3%。5月中旬,温总理在武汉召集六省负责人会议,分析经济形势,紧接着又召开国务院常务会议研究对策,提出把稳增长放在当前宏观调控的重要位置,反映了对经济运行中出现新情况的高度敏感,以及采取新的调控措施的针对性和及时性,体现了中央政府娴熟的快速反应能力。此后,国家陆续出台了一系列稳增长的措施。目前,一些措施已显现出成效。实现经济增长速度的止跌回升,需要克服速度下降的惯性,这就需要比正常情况下更大的拉动力。

《债券》:今年5月,温总理在分析我国经济形势时提出"要贯彻稳中求进的总基调,正确处理保持经济平稳较快发展、调整经济结构和管理通货膨胀预期三者的关系"。在当前世界经济较为低迷的环境下,您认为我国在宏观调控方面该如何克服增速下滑的惯性,从而实现经济企稳回升、调整经济结构与转变经济发展方式的目标,如何得以兼顾?

郑新立:我认为当前的宏观调控应重点做好三件事:一是计划、财税与金融三大调控杠杆应密切配合;二是消费、投资、出口三大需求应同时给力;三是扩大内需应着力鼓励民间投资的增长。

首先,计划、财税、金融三大调控杠杆密切配合,才能达到事半功倍的效果。计划、财税、金融三大调控杠杆相互协调的宏观调控体系,是中国特色社会主义市场经济体制的一个重要组成部分,它们各有分工,又密不可分。在面临重大调控任务时,必须协调行动,形成合力,避免单打一的行为。如能形成合力,就能事半功倍,反之则事倍功半。

当前围绕转变经济发展方式,形成经济增速止跌回升的强大拉动力量,三大调控杠杆应密切配合。应在充分讨论、统一认识的基础上,提出适应转变发展方式和结构调整要求的定向扩大需求的计划,包括调控方向、调控目标、调控政策,需要重点支持的产业和重大工程等。

扩大居民消费应成为这次调控的重点目标,为了实现这一目标,需要调整收入分配结构,增加中低收入者收入,实行结构性减税让利政策,即对一些低收入行业,通过政府对企业减税,企业对职工让利,增加职工收入。今年,陕西省把对纺织行业税收的地方分成部分,再加上部分财政补贴,用于增加职工工资,就是一个具体行动,做出了表率。财税政策应围绕调控计划,运用税收减免、财政补贴、贷款贴息、资本金补助等措施,加大调控力度。针对鼓励消费和鼓励发展第三产业,应研究将消费税由现行的中央税改为地方税,将营业税由地方税改为中央税,积极推进服务业由营业税向增值税的改革;进一步提高对小微型企业营业税和增值税的起征点,以鼓励创业、扩大就业、放水养鱼、培植财源。金融政策应围绕总体调控目标,优化信贷结构,支持扩大居民消费,支持战略性新兴产业发展,支持公共服务业和基础设施建设,满足小微型企业和农户贷款需求。

要避免"一刀切"的调控政策,经验证明,没有差别性政策,也就没有调控政策。应当看到,目前政策调控的空间还足够大,只要拿出针对性强、力度较大的政策,就能达到预期的调控目标,在转变经济发展方式中实现经济的平稳较快发展。

《债券》:刚才在政策方面您为我们作了很好的分析。那么,作为拉动经济增长的"三驾马车",在消费、投资、出口方面该如何为促进稳增长出力?另外,房屋消费是拉动消费的一大热点,而房价是个关键点,近期某些地方又出现房价上涨的预期，是否房地产调控将有所放松？

郑新立：消费、投资、出口三大需求需要同时给力，才能形成止跌回升的强大拉力。

增强消费对经济增长的拉动作用，从近期来看，必须活跃住、行两大消费热点，这是其他方面的消费难以代替的。活跃住房消费，保持房地产投资的合理规模，必须在稳定城镇住房价格的前提下进行，这就要实行薄利多销的原则。事实证明，地价过高，成为高房价的主要推手。而推高地价的主要原因，是城镇土地使用的“招拍挂”制度。相对于过去的协议转让，公开、透明的“招拍挂”制度，无疑是一个进步，特别是对防止土地转让中的腐败行为具有重要作用。但其弊端是，把具有一定公共产品性质的普通住宅建设土地供应统统纳入“招拍挂”范围，必然带来过高的房价。由于土地财政制度的存在，又形成了地方政府对土地出让金收入的依赖，房价和地价越高，意味着地方政府的土地出让金收入越多。所以，稳定城镇住房价格，关键在于改革土地出让制度，对不同用途的土地，实行不同的出让方式。对商业性建筑、高档住宅建设用地，可继续沿用“招拍挂”的方式，对普通住宅建设用地特别是保障房建设用地，应采取政策性供地的方式，以降低地价。汽车进入家庭，圆国人轿车梦，是未来 20 年仅次于住房的第二大消费热点，也是拉动相关产业的第二大经济增长点。把消费税由中央税改为地方税，有利于鼓励地方政府从扩大汽车消费上想办法，而不是实行消极的限购政策。也只有把住房和汽车这两大产品消费理顺了，消费市场才能活跃起来，成为拉动经济增长的持久不衰的支柱产业。此外，扩大教育、文化、休闲、旅游消费，也有很大潜力。

在投资方面，继续保持高速铁路建设的强度，应当作为一项重要选择。前些年,高铁建设投资每年达7000多亿元,去年下降到4000亿元,许多正在施工的项目停建,其投资需求的空缺是其他行业难以弥补的。高铁是绿色运输方式,单位运输量消耗的能源、占地仅为公路运输的1/10,在人口密度高的中国,加快形成高铁网络体系,更是破解交通运输瓶颈的根本之策。在建设阶段,出现一些债务也是必然的。随着时间的推移,铁路的偿债和盈利能力将越来越强,成为一批优良资产。因此,加快高铁建设应毫不动摇、持之以恒。在总结事故教训的基础上,建立严格的安全质量标准,高铁一定能成为国人为之骄傲的产业。如果说上世纪九十年代在应对亚洲金融危机中,我们变挑战为机遇,成功建设了高速公路网络体系,那么,在当前应对全球经济危机中,能不能变挑战为机遇,关键在于高速铁路网的建设。此外,我国城市化正处在快速推进的过程中,其带动的投资需求足以支撑未来20年投资的快速增长。新农村建设也将对投资产生较大的拉动作用。投资的旺盛增长,将对经济增长产生强大拉动力。

全球经济危机特别是欧债危机造成美欧日市场疲软,使我国出口增长受阻。但只要积极开拓,使出口保持一个较快的增长速度还是有可能的。当前,应利用我国充足的外汇储备,通过扩大海外投资,创造出口需求,走出一条以资本输出带动商品、劳务输出的路子,这也是发达国家上百年来所走过的道路。要努力扩大一般贸易出口,促进加工贸易转型升级、落地生根。加快出口产品由资源密集型、劳动密集型为主向技术密集型、知识密集型为主转变,积极扩大服务外包。

通过政策引导,在消费、投资、出口三大需求方面同时给力,必将形成拉动经济增长的强大动力,使国民经济增速尽快止跌回升,继续保持平稳较快增长态势。

《债券》:为了促进经济增长,我国一直坚持扩大内需的政策,这一轮扩大内需与2008年有什么不同?如何激发民间投资的活力?

郑新立:在扩大内需方面,与上一轮4万亿元启动政府投资明显不同,这次应以鼓励增加民间投资为主。在今年前7个月的固定资产投资中,民间投资所占比重已达62.1%,民间投资的增速比整个投资增速快5.1个百分点,说明民间投资已成为整个投资的主体。因此,在此轮扩大内需中,应着力鼓励民间投资的增长。

近一段时间,各部门贯彻《国务院关于鼓励和引导民间投资健康发展的若干意见》("新36条")的实施细则密集出台,一些地方政府也相应出台了落实政策的实施细则,应当以此为契机,努力为民间投资增长创造一个良好的政策环境。国务院文件早已明确允许民间资金进入基础设施、社会事业、公共服务、金融机构、垄断性行业和国防军工等领域,应进一步在市场准入、项目审批、税收政策、贷款支持、建设用地等方面,赋予民营企业与国有企业同等的地位,对民营企业和国有企业一视同仁,鼓励开展平等竞争。特别是对战略性新兴产业、服务业和现代化农业建设,多制定鼓励民间资金投资的具体政策。要鼓励兴建民办医院、民办幼儿园、民办养老院,用特许经营权的方式,引导民间资金进入基础设施和城市公共服务领域,以尽快改变公共产品供给不足的局面。

(本文原载于《债券》2012年9月刊)

经济正在企稳　复苏“绿芽”萌发

——专访陆挺

《债券》：今年三季度 GDP 数据出炉，显示出我国宏观经济增速依然较低。您认为当前中国经济处于怎样的运行阶段？本轮经济低谷会持续多久？

陆挺：三季度 GDP 同比增长 7.4%，与市场的普遍预期和我们的预测吻合。我对当前中国经济的总体判断是：7.4%可能标志着中国经济已经触底；中国经济正在企稳，“硬着陆”的风险非常之小。我相信接下来几个季度 GDP 同比增速可能会有比较显著的回升，到明年上半年估计会在 8.3%左右。

分项来看，GDP 季度环比增速、工业产值、固定资产投资及零售销售总额等数据均好于预期。GDP 环比增速（经季节性调整而没有年化的季度环比）从一季度的 1.5%、二季度的 2.0%攀升至三季度的 2.2%。工业产值同比增速从 8 月份的 8.9%加速至 9 月份的 9.2%，超过市场普遍所预期的 9.0%；前 9 个月固定资产投资同比增速 20.5%，较前 8 个月的 20.2%上

陆挺时任美银美林大中华区首席经济学家。

升0.3%;零售销售总额的同比增速也从8月份的13.2%攀升至9月份的14.2%。

可以说自9月中旬以来,中国各行业部门均出现复苏“绿芽”,其中包括交通、大宗商品、出口、房地产市场、信贷和货币数据、国庆黄金周旅游及制造商补充库存等方面的数据。

《债券》:本轮中国经济能够实现软着陆的核心原因是什么?

陆挺:中国政府从5月中旬开始实施了政策宽松。这一系列的宽松政策尤其是信贷增速的回升和项目审批速度的加快,确保了中国经济软着陆。

我们对信贷状况的判断是基于央行每月发布的社会融资总量这一指标。不过,由于央行发布数据时把这一指标对经济影响截然不同的所有组成部分都分配了相同的权重,我们对数据进行了精加工,去掉了一些不太重要且不太稳定的组成部分,保留了银行贷款、企业债券和信托/委托贷款这三个部分,合计可占到社会融资总量的87%。经修订的社会融资总量同比增速从8月份的18.8%提高到9月份的19.6%,而银行类金融机构的人民币贷款余额同比增速则由8月的16.1%微升至9月的16.4%;全系统信贷同比增速已从2011年5月份的17.5%攀升至2012年9月份的19.6%。从资金来源来看,经修订的社会融资总量同比增速与银行人民币贷款余额同比增速之间的差距最近明显扩大,这表明中国政府正在利用企业债和信托/委托贷款(尤其是为固定资产投资提供的中长期贷款)等其他融资渠道来提供信贷。

从货币数据来看,也体现出宽松的趋势。9月份流通中货币M0、狭义货币 M1 及广义货币 M2 的余额同比增速分别从 8 月份的 9.7%、4.5% 和 13.5%提升至 13.3%、7.3%和 14.8%。9 月份存款余额同比增速也由 8 月份的 12.2%上升到 13.3%。由于许多中型银行受到贷存比率上限 75% 的限制，存款的不断增加实际上可以增加可贷资金的数量。

《债券》：在您所谈到的诸多复苏"绿芽"中，除了信贷和货币数据，其他几项主要反映了实体经济的运行情况。这些实体经济"绿芽"萌出的动力是什么？其与资金面的相互关系是怎样的？

陆挺：实体经济"绿芽"萌出的动力主要就是内需，表现在两方面：一是发改委加快了城轨、公路等基建项目的审批；二是在两次降息、一次降准及信贷宽松政策推出后，房地产销售出现了复苏。这一系列的宽松政策帮助经济逐渐企稳，稳定内需，提振信心，从而促进了"绿芽"的萌发。

从资金面上来看，经修订的社会融资总量同比增速的加快有助于经济的企稳及复苏，而经济的见底回升也会增加企业对融资的需求，从而进一步加快社会融资总量的增速。

《债券》：今年 8 月底，您曾预计中国会推出经济刺激措施，当前已看到政府所采取的一些实际行动。未来政策层面还有望看到哪些变化和新的调控政策？您对今明两年中国 GDP 的增速作何预期？

陆挺：在货币政策方面，我预计中国年内不会降息，并且最多下调一次银行存款准备金率（一次 50 个基点）。这是因为随着人民币存款出现增长并且先前流出的一些资金回流国内，继续调降存款准备金率的必要性有所减弱。同时，我继续维持全年新增贷款为 8.5 万亿元人民币的预期,其中下半年新增贷款将达到3.6万亿元。将出现的新情况是,更多的信贷是通过企业债券及信托贷款渠道获得。

在财政政策方面,我预计政府将会出台更多的宽松措施,但是不会出台像2009年“4万亿”那样的大规模经济刺激措施。随着“十八大”的召开,中国高层决策者已把关注焦点转向稳定经济增长以及金融市场的问题上,并将采取更多的支持性措施。

我预计2012年和2013年中国经济增速分别为7.7%和8.1%。其中,2012年第四季度同比增长7.8%,2013年四个季度同比增长分别为8.3%、8.3%、8.0%和8.0%。我觉得经济同比增速在明年上半年会反弹到8.3%,主要出于以下两个原因:一方面,目前中国各行业部门出现复苏迹象;另一方面,统计局最近大幅下调了去年四季度和今年一季度的GDP季度环比增长率从而导致其基数较低。而明年下半年经济同比增长将会因为基数回升的原因回落到8%。

《债券》:2012年物价指数持续回落,9月份CPI同比增速已经降到1.9%,前三季度仅为2.8%。您能否就明年的CPI做一个分析与预测?

陆挺:今年四季度的CPI应该会反弹,但是预计应该不会超过2.7%,明年的CPI应该会上升至3.0%。

我认为CPI回升的原因主要有三点:首先,终端需求已经逐渐企稳;其次,粮食价格,特别是大豆玉米的价格,也许会受美国旱灾的影响而有所回升;最后,2011年四季度通胀迅速下降从而导致基数较低。尽管通胀在未来会有所回升,但我相信通胀目前绝对不是政策制定者主要担心的问题。

《债券》:中国经济经过多年来的不断增长,改革红利和人口红利逐渐消失,目前已经进入新的阶段,需要有新的发展模式。过去高增长带来的各种弊病逐渐暴露,深化经济体制改革,促进经济良性发展成为社会关注的热点。您认为新一轮经济体制改革的突破口是什么?

陆挺:我个人认为,农村土地制度改革,以及在土改基础上的户籍制度改革,可以作为新一轮经济体制改革的突破口。

在我国,以打破户籍制度来推进城市化的改革途径只是一些学者的清谈,因为我国目前城市化的主要障碍不是僵硬的户籍制度,而是落后的农村集体所有土地制度。在过去30年里,我国经历了高速的工业化但大为滞后的城市化,造成了2.5亿农民工和其中1.5亿的流动农民工。一方面,农村人口向城市转化时,大量乡村用地尤其是宅基地空置,造成严重资源浪费,又因为不能将农村土地包括宅基地置换成可交易资产,农民在进城没有原始积累,很难累积起一定财富购买城市住宅从而获得户籍。另一方面,我国粮食进口已达全国粮食消费的10%,而且这个比例在过去五年中以每年一个百分点速度上升,所以坚守18亿亩耕地红线有一定的合理性。但正因为此,土地紧缺,城市每年扩张的速度受严格限制,造成过高的城市房价,限制了农民通过购房移居城市取得户籍的通道。最后,由于农村耕地被许多无人居住的宅基地分割成小块,限制了农业机械化的发展;而机械化程度较低的农业注定不能吸引生产效率较高且受过一定教育的年轻人。目前许多地方耕地农民的平均年龄已经在55岁以上,后继无人,十年内我国农业将面临劳动力严重短缺的严峻挑战。

解决这一系列有关农业、城市化、房价、户籍和城乡贫富差别等问题的突破口,就是要果断地推行农村土地确权,实现"耕者有其田",允许农民自由出让耕地,尤其是宅基地。可以考虑在接受公开监督的前提下,省内统筹,由省级政府按一定溢价收购农村宅基地并复耕,根据复耕的面积来取得城市用地的指标,出让宅基地的农民可优先购买保障房,并以出让宅基地和在城市购房为标准来换取城市户籍。农村耕地在维持原有农业用途的前提下,可以由取得城市户籍的农民自由处置。

实际上,现在最大的社会风险就是那些既没有农业耕种经验又没有城市户籍的新一代农民工。解决他们的社保问题的出路恰恰在于用他们的土地权利来置换城市户籍。我坚信成功的农村土改将能释放很大的潜能,以保障中国经济较高的经济增长水平,并促进社会和谐。

(本文原载于《债券》2012 年 11 月刊)

经济运行温和向上的短期态势已经确立

——专访连平

《债券》：今年以来，受复杂的国内外环境影响，我国宏观经济经受了较大考验，经济增速也一度持续放缓。近三个月以来，投资、消费等经济数据有所回升，请问您对当前及明年的经济形势作何判断，预计将呈现怎样的态势？影响未来经济走势的主要有哪些因素？

连平：个人判断，当前经济运行已进入短期趋势性转变的过程，未来经济增长、物价上涨以及资本流动和货币汇率都有可能改变原有运行轨迹和方向，形成新的运行格局，出现新的不确定性。预计四季度总需求将小幅回升，明年经济将平稳增长。

一是未来国际环境将相对平稳，出口增速或将有所回升。年末来临，欧美假期消费旺季将对出口形成拉动，四季度我国对欧、美出口或将延续反弹势头。在欧央行 OMT+IMF+ESM 三驾马车合力救助下，明年欧元区经济增速可能将低位略升。当前美国经济复苏势头相对强劲，若能避免"财政悬崖"，明年仍将缓慢复苏。在外部环境趋于平稳的背景下，明年我

连平时任交通银行首席经济学家。

国出口增速有望回升。

二是稳增长政策促使投资增速逐步回升,明年政府换届效应可能促使投资增速进一步加快。1—11 月份,国内固定资产投资完成额累计同比回升 20.7%。9 月份以来,发改委已批复总投资规模超过 7000 亿元的 25 项城市轨道交通建设规划,以及涉及公路建设、港口航道改造及污水处理等 30 个项目;土地市场持续升温暗示房地产开发商投资热情有所复燃,未来制造业投资也将因预期恢复而企稳。预计今年固定资产投资增速可能达 21%左右,明年投资增速会进一步加快,新一届政府上任将催生新的投资计划付诸实施。

三是政策刺激和收入分配制度改革或将稳定消费增速,预计未来消费仍将保持平稳增长。11 月份社会消费品零售总额延续了前 3 个月的小幅反弹格局,前 11 个月的实际消费增速为 12%,预计全年实际消费增速可能升至 12%。此外,由于我国国内居民实际收入增长已连续 3 个季度超越 GDP 增速,经济增速放缓并未明显影响收入,未来逐步回暖也有利于消费平稳增长。整体来看,明年消费增速将稳中有升:第一,明年经济形势将稳中转好,收入分配改革方案也即将出台,居民收入增速有望平稳增长;第二,扩内需的各项政策将有利于稳定消费信心、促进持续消费。但明年物价涨幅进入上升周期可能将抑制消费。

四是去库存行将结束,补库存过程已经开始。根据经验,去库存过程通常时长约为 15 个月。10 月、11 月份 PMI 原材料库存指数继续明显回升,PMI 原材料库存减去产成品库存的差继续收窄,显示从去年底开始的去库存过程在四季度已进入尾声,目前已进入新一轮补库存周期,经济运行中微观企业的主动补库存行为将带动未来社会生产需求出现回复性升温。

五是金融对实体经济的支持力度加强，明年社会融资规模将适度增长。今年以来，在货币政策维持稳健并适时适度进行预调微调的背景下，金融对实体经济的支持力度有所加大。今年1—10月份，新增信贷规模为7.23万亿，同比多增9590亿元。社会融资规模为13.02万亿元，比上年同期增加2.42万亿元。近几个月以来，社会融资规模在持续多增，对于经济回升应该起到了积极的支持作用。明年信贷总量会保持平稳增长，且在投资需求大幅回升的情况下，中长期贷款的持续较快增长、信贷结构的改善将使信贷对于实体经济的支持力度依然较强。预计明年的社会融资规模依然不低，新增信贷会在9万亿元以上，能够对经济增长形成有力支撑。

综合对宏观三大需求筑底企稳、微观企业主动补库存，以及金融对实体经济支持有所加大的分析，预计GDP环比可能拉升，由此推算四季度GDP同比增长7.9%，全年GDP实际增速可能在7.8%左右。经济增长将呈现前探底后企稳的走势。明年经济增速会比今年高，初步预计在8%至8.5%的范围内。

《债券》：我们看到，CPI继10月份下降至1.7%以后，11月份又重新回到"2时代"，预计全年CPI的水平如何？明年的物价走势将会呈现怎样的变化？

连平：从CPI运行周期看，今年8—10月的CPI基本属于周期筑底阶段。11月份翘尾因素反弹与雨雪天气因素带来食品价格走高结束了CPI的筑底。预计今年最后两个月CPI平均涨幅约为2.5%，全年涨幅在2.7%左右。

预计明年物价将进入上行周期。一是受欧美继续推行量化宽松政策的影响,国际大宗商品价格上涨的风险持续存在,国内输入性通胀压力将会增大;二是国内稳增长政策在地方上执行不当与政府换届效应叠加可能催生新一轮投资升温,带动物价过快上涨;三是资源性产品与服务价格将随着改革的推进而推动物价走高;四是扩内需的政策导向与人口红利临近结束将使劳动力成本有继续上升的趋势;五是随着城镇化的进一步推进,土地供需不平衡的矛盾将依然存在,地价上涨的长期压力将不会减少。初步预计明年 CPI 涨幅约为 3.5%,但不排除的是,若出现大规模货币冲击或输入型因素影响,明年的通胀形势可能将会更加严峻。

《债券》:今年,我国实际利用外资、外汇占款曾在数月内持续下降,资本流出和“资产外币化”的压力明显,机构和个人对投资形势的判断难度在加大。请您分析下未来国际资本流动趋势将会怎样?人民币币值预期如何变化?

连平:未来我国资本流出和资产外币化压力有望减轻。相比美国经济的缓慢复苏以及欧元区的衰退,未来我国经济基本面的企稳向好,将会直接提升外围市场来华投资的风险偏好,前期“外汇占款月度负增长、FDI 同比向下”等局面有望得以基本扭转。

从微观主体的组合再平衡行为看,未来资产外币化压力将显著减轻。受“美、日、欧”联手量化宽松政策的推动,全球流动性持续充裕。欧央行的无限量购债计划,以及美联储 QE3 无确定期限的 MBS 抵押资产购买计划,在很大程度上缓解了境外机构的头寸偏紧局势。投资者的国际头寸组合再平衡行为,将推高人民币资产的配置需求。同时,BIS 的实际有效汇率指数表明,受近期欧、美、日联手宽松带来的多币种重估效应推动,人民币开始呈现单边升值压力。在人民币被动币值重估的新周期里,中国家庭、企业部门也可能会重新偏好人民币资产头寸。预计明年我国的资产外币化压力将逐步减轻。

经济增长平稳和货币政策稳中偏紧的格局将推升人民币升值预期。全球流动性的泛滥很可能再次成为全球通胀的主要推手,为应对输入性通胀压力,我国有可能被迫继续实施稳中偏紧的货币政策。相较欧美的零利率刺激政策,稳中偏紧有可能进一步扩大本外币利差,从而增强人民币的升值预期。

总之,与去年以来的经济增长持续放缓,利率下降预期强烈不同,明年经济增长将趋于平稳,利率趋于稳定并可能在明年下半年后小幅加息,资本流入和资产本币化的步伐将会加快,人民币升值预期又将增强。

《债券》:明年我国的经济运行中还可能面临哪些困难和风险,您能否为我们分析一下?

连平:我觉得有两个方面需要关注。

首先,应警惕稳增长政策执行失当和政府换届叠加可能再次催生的投资过热风险。近年来,地方项目在固定资产投资中的占比逐年上升,截至2011年底,这一占比上升到93.3%,中央项目的占比则不到7%。在当前政策开始转向稳增长、稳增长的关键又是依赖投资拉动的背景下,今明两年又正好是中央和地方政府的换届之年。以往中国的经验表明,在地方政府换届之后的当年或次年,投资都会出现快速上升。2012年各地政府换届已经基本完成,固定资产投资的换届效应仍可能出现,再加上如果当前稳增长政策在执行中可能失当的双重作用,未来仍有可能出现投资过热的风险。近期多省市集中出台大规模投资规划,显示地方政府的投资冲动已经开始抬头。尽管地方大规模的投资规划可能因受到平台治理政策和资金来源的限制而无法全部实现,但近期地方政府通过债券、信托等银行贷款之外的融资方式也获得了部分资金的支持,同时银行继续承受来自地方政府的巨大信贷需求压力,未来投资过热依然拥有相匹配的金融土壤。新一轮的投资过热可能导致经济结构再次恶化,从而有损于长期经济增长质量的提高,对此中央政府应该有所警惕,提前防范。

其次,明年经济运行还可能面临"物价走高、房价反弹、资本流入、货币升值"四方面压力。正如前面分析的,明年 CPI 可能步入上行周期,而且不排除若出现大规模货币冲击或输入型因素将使通胀形势更加严峻的可能。尤其是如果出现投资过热,明年的物价上涨就可能演变成新一轮通货膨胀的风险。虽然目前国内房价在政策调控下总体保持稳定,但房价上涨的压力依然不小。在限购限贷等行政性调控措施执行两年之后,明年调控政策可能面临如何逐步向市场化调控手段切换的问题,一旦政策切换不当,房价可能出现报复性反弹。随着我国经济增速逐步趋稳回升,国内货币政策已不可能大幅放松,明年下半年还有小幅收紧的可能性。受此影响,预计明年本外币利差、资产收益差可能有所扩大,从而吸引资本流入和资产本币化步伐加快,届时人民币升值压力又将再现。

《债券》:感谢您的分析,为了应对和防范这些风险,从货币政策的角度,下一步是否需要作出一些微调?在这方面您有什么建议?

连平:我建议可以从以下几个方面来应对:

一是货币政策基调应保持稳健,必要时向收紧方向微调。综合考虑国内外经济金融形势的变化,建议明年货币政策维持稳健的基调不变,不宜进一步放松,必要时可以在明年下半年考虑向收紧的方向微调。主要原因是:第一,在投资企稳回升、消费保持平稳、出口有所恢复的情况下,未来经济增速有望小幅回升并保持平稳,适度增长基本无忧;第二,物价将进入新一轮上升周期,特别是明年下半年物价涨幅可能会稍大,尽管物价大幅上升的可能性不大,但在外围流动性宽松的格局下,大宗商品走势对国内输入型通胀的潜在影响不能掉以轻心;第三,为避免投资增速过快,货币政策也不宜过于宽松,甚至应适当收紧;第四,房价存在受间接刺激而大幅反弹的风险,货币政策也应保持稳健。

未来货币政策调控的重点和难点是处理好防止物价过快上涨、控制资本流入与货币升值之间的关系。为防止物价上涨过快、避免2014年通胀压力过大,货币政策应保持稳健并在必要时适当收紧;但在“内紧外松”的格局下,国内流动性趋紧、利率上升,加之经济增速企稳又可能导致境外资本加大流入,给人民币带来升值压力,还会抵消国内货币政策调控的效果。为此,未来政策操作应密切关注跨境资本流动的动向和国际大宗商品价格走势,前瞻研判其对国内物价和汇率的可能影响,灵活搭配使用各类政策工具,在管理好通胀预期的同时,加强对跨境资本流动的监测,保持人民币汇率的基本稳定。

二是准备金率明年初适度下调,之后保持基本稳定。为前瞻性地合理安排银行体系的流动性,建议在明年初适度下调准备金率1~2次,每次0.5个百分点。主要原因是:第一,考虑到在贷款增速难以明显回升、金融脱媒分流存款、外汇占款增长趋势性放缓等因素的影响下,未来存款增长放缓将成为趋势,法定存款准备金率需要从高位适度下降;第二,尽管降准与逆回购同属数量型工具,但其功能仍有很大不同,从降低银行资金成本、扩大信贷投放、增强银行资金运用能力的角度看,降准依然具备不可替代的作用;第三,年初一般是信贷需求较为旺盛的时期,此时降准有利于银行扩大信贷投放以支持实体经济,夯实经济企稳回升的基础;第四，物价涨幅在四季度和明年初尚不明显，在此期间降准不会导致通胀预期加大。

明年初之后，鉴于经济企稳回升的态势将趋于明朗，物价涨幅可能逐步扩大，同时国际资本可能重新回流中国、外汇占款增量有一定程度回升，为管理好通胀预期并避免投资增速过快，建议准备金率保持基本稳定。

三是存贷款基准利率保持基本稳定，明年必要时可小幅上调。四季度以至明年，基准利率下调的必要性已经大为降低。第一，受今年两次降息和扩大贷款利率下浮幅度的影响，目前贷款平均利率已开始下行，6 月份贷款加权平均利率为 7.06%，较年初下降了近 1 个百分点。可以预计 7 月以来市场利率出现明显回落；第二，鉴于未来债券市场将进一步发展、发债融资将成为支撑企业中长期融资的重要渠道，在企业债券发行利率仍远低于一般贷款平均利率的情况下，基准利率保持稳定仍将有利于债券融资增长，通过降息进一步引导债券利率下行的需求并不迫切；第三，物价进入新一轮上升周期，特别是明年下半年物价涨幅可能稍大。目前一年期存款基准利率为 3%，降息会导致实际负利率再现，不利于通胀预期的管理。

但加息还应谨慎，大幅加息并不可取。一方面是因为明年物价运行处在上涨周期的前半段，总体依然较为温和，尚未到运用连续加息手段来抑制通胀的地步；另一方面，全球流动性泛滥，加之中国经济企稳回升，此时大幅升息会加剧资本流入并带来人民币升值的压力。考虑到明年下半年物价涨幅可能稍大，以及潜在的通胀压力，为稳定未来通胀预期，可在明年三或四季度小幅加息，或是采取进一步扩大存款利率上浮的方式来适当提高存款利率。

四是可尝试将公开市场操作作为未来基础货币的主要投放方式。2003 年至 2011 年三季度期间,在国际收支持续顺差、外汇储备激增的情况下,外汇占款巨额增长成为我国基础货币投放的主要方式。但自去年四季度以来,受贸易顺差收窄、FDI 下降、短期资本流入急剧下降的影响,外汇占款增量显著减少甚至若干月份为负,从而导致基础货币增长缓慢,银行资金紧张。展望未来,外汇占款增速放缓将成为趋势,以外汇占款投放基础货币的机制将难以为继。国际经验表明,利率市场化后更多国家通过公开市场操作来投放基础货币,美国、日本是以买卖国债为主,欧洲则通过再融资操作的方式。随着我国利率市场化进程的实质性推进和债券市场的进一步发展壮大,未来央行可以通过在公开市场上购买国债、金融债等来实现对基础货币的调节,并引导市场利率。

五是人民币对美元汇率保持基本稳定,双向波动,增强弹性。基于前面的分析,未来人民币已经不存在大幅升值的条件;而随着中国经济探底企稳、对中国经济增速大幅放缓的担忧逐渐消除,物价上行货币政策存在收紧的预期,加之 QE3 出台后美元面临贬值压力,未来人民币可能会面临一定程度的升值压力。为避免贬值引发资本流出、进而影响国内整体金融稳定,持续大幅贬值也不可取。综合考虑各方面因素,建议人民币对美元汇率保持基本稳定,并继续呈双向波动的运行态势,波动区间在 6.2~6.4。建议根据其他各主要国际货币的地位、贸易占比等因素的变化,动态优化与人民币汇率挂钩的货币篮子构成及其权重。对前期人民币波幅扩大后的效果进行跟踪评估,进一步扩大人民币汇率波幅。

六是扩大存款统计范围,缓解银行存贷比压力。在外汇占款增长放缓、金融脱媒、利率市场化推进和贷款新规实施等因素的综合作用下,银行存款增速显著下降,时点现象更为突出。现实中一般存款和同业存款的界限更加模糊、消长波动更加频繁,部分银行的存贷比持续处在高位,加大了银行流动性管理的压力,增加了银行负债的成本。同时由于银行吸收存款的季节性行为又带来了货币市场及其利率的大幅波动。当前,改进存贷比监管十分必要。但考虑到存贷比指标仍有一定的适用性,且属于法律规定,在当前这一监管指标暂时难以取消的情况下,建议研究对存贷比指标加以改进和优化,扩大存款统计范围,对同业存款来源进行细分,将部分较为稳定的同业存款纳入一般存款口径进行管理,以更好地反映形势变化,增强银行业服务实体经济的能力,促进货币市场利率水平的稳定。

《债券》:在财政政策和房地产调控方面您有什么建议?

连平:建议继续实施积极的财政政策,加大对“三农”、欠发达地区、民生、社会事业、结构调整、科技创新等方面的支出,保障经济平稳增长。为使财政政策在“调结构”方面发挥更重要的作用,未来财政政策应更注重税收政策的引导和调节作用,继续推进结构性减税,减轻中小企业、高科技企业负担,并择机提高一些矿产品资源税税率。在房地产政策方面,为防止房价大幅反弹,保持房地产市场的平稳运行,建议重点放在对现有政策的严格执行上,严禁地方政府出台刺激楼市的政策。但同时房地产调控也不宜进一步加码,否则不但不利于房地产市场的平稳运行,也不利于总体经济的平稳增长。同时,在总结上海、重庆两点房产税试点经验后,可以考虑推广扩大试点范围,并逐步退出行政化的调控手段。

(本文原载于《债券》2012年12月刊)

城镇化是未来改革的纽带

——专访潘向东

《债券》:刚刚过去的2012年是我国经济增速相对放缓的一年,不过自去年四季度以来,经济回暖和温和向上的趋势已比较明显。这种趋势是可持续的么?您如何判断当前我国经济所处的发展阶段?

潘向东:这需要从短期和中期两个视角来分析这个问题。

首先,从短期来看,当前我国经济下行压力较大,但相较去年前三季度,进入四季度后经济表现出暂时性"弱"回升。

一是先行指标PMI在四季度回到了荣枯分界线50%以上,连续3个月小幅回升,预示着工业产能开始小幅回升,经济暂时企稳。领先指标新订单反弹对PMI贡献最大,其缓慢回升有助于PMI企稳。伴随着订单增加,产成品库存继续减少;而随着库存的消化,生产持续回升,采购量增加的同时原材料库存继续大幅减少。

二是社会消费品零售总额名义增速率稳步回升,扣除价格因素,实际消费增速依然保持回升态势。与房地产和休闲相关领域的消费回升明

潘向东时任银河证券首席经济学家。

显。去年9月份以后,随着房地产市场销售形势回暖,与买房活动密切相关的家电等销售活跃;汽车市场经过一年多的调整,10月份也有所逐步恢复。

三是去年四季度,进出口贸易有所回暖。今年全球经济增速预计会有小幅回升,出口增速将小幅反弹,同时受国内需求扩张影响,进口增速也将回升。

其次,从中期来看,我国经济正处在"混沌增长"阶段。所谓"混沌增长",即指在新的制度释放之前,将很难看到新一轮经济周期的启动,整个经济运行过程较为复杂,体现出典型的"混沌"特征。这些特征主要有三点:一是增长路径呈现出"随机"特征,很难进行预测;二是经济系统是不稳定的,发生"黑天鹅事件"的概率较高;三是经济增速下台阶的结果是确定的,经济在不断回落的过程中寻求新的均衡点。

《债券》:为什么会出现这样一个"混沌"状态?

潘向东:改革开放以来,资本、技术和制度释放的"后发优势"激发了巨大的增长潜力。但随着已有制度红利和人口红利的衰竭,资本拉动的经济增长目前正遭遇各种瓶颈制约,导致潜在增长率下降。面对经济下滑,政府又推出一系列刺激经济增长的政策。一方面是经济的自然衰退,另一方面是人为的刺激,这就导致产生了一个"混沌"的状态。如果允许经济自然衰退,其路径应该是很明确的,但实际情况是,外部力量改变了经济运行的正常轨道,使路径变得不确定了。

《债券》:在什么情况下会走出"混沌"状态,进入一轮明确、清晰的新经济周期？

潘向东：必须要有新的改革、新的制度释放，产生新的红利，来激发新的增长要素，这样经济才能被重新激活，步入一个新的周期。

从经济学的理论来看，经济增长主要有两种模式：一是斯密式增长，通过释放生产要素来实现增长；二是熊彼特式增长，就是创新式增长。后一模式受制于一个经济体的教育水平，在美国发挥得淋漓尽致，但目前来看，中国离这种增长模式还有一定的距离。回顾过去 30 多年间，我国经济增长主要采取前一种模式，即通过改革不断推进土地、劳动力和资本的释放，以及成熟技术的应用，来不断提高劳动生产力。

未来 10 年，我预计经济增长还是会围绕生产要素释放来展开。虽然目前来看，我国的中低端劳动力供应量在下降，但中高端劳动力在全球而言是充足的，而且劳动力价格比较便宜；伴随着产业结构的升级，我国还会出现一个产业往中高端制造业转移的过程。这些方面都存在劳动要素释放的空间。

因此，当前这个"混沌"状态持续的时间与国家推动改革的进程密切相关。如果改革进程推动得比较快，结束"混沌增长"阶段就相对快一些；相反，如果改革进程推得比较慢的话，那这个时间估计就会拉得长一些。

《债券》：在 2012 年 12 月召开的中央经济工作会议中，您觉得有没有释放一些改革方面的政策信号？

潘向东：有。这次中央经济工作会议释放了两个突出的信号：第一个是直接提到了改革，会议要求"以更大的政治勇气和智慧推动下一步改革；要落实好已经出台的改革措施，同时从解决当前突出矛盾出发，及时推出改革新举措”,要求改革有路线图、时间表,允许摸着石头过河。这让我们看到了希望。第二个是明确提到要“积极稳妥推进城镇化,着力提高城镇化质量”,指出“城镇化是我国现代化建设的历史任务,也是扩大内需的最大潜力所在”。

国家提出“城镇化”这一发展的概念,是因为它是未来改革的纽带。很多制度性变革都与它密切相关,也都会促进它的发展。因此理解城镇化加快,应该去理解其背后的深层次经济体制改革,如户籍制度改革、土地流转制度改革、服务行业管制放开、收入分配制度改革等。加快城镇化的核心在于进行制度释放,提升经济增长率和人均收入水平,让经济发展得以持续。

当前,我国的城镇化率只有50%,离发达国家70%左右的水平还有很大差距,城镇化道路远没有走完,资本积累的后发优势还没有充分释放出来。

《债券》:您刚才提到,城镇化是未来改革的纽带,这足以说明城镇化在这一轮改革中的重要性。十八大首次提出“新型城镇化”概念,意味着接下来要推进的城镇化将重在“新”这一特色。较之传统城镇化,“新型城镇化”有何不同?

潘向东:主要有两点不同。

第一,传统城镇化主要受工业化“拉”动,是被动的过程,“新型城镇化”变被动为主动。改革开放后,我国的城镇化率水平开始加快提高。在农业生产率提高较慢的背景下,这种结果主要是由于非农部门劳动生产率相对较快的提升所致。对外开放和加入WTO让我国企业有机会在快速增长的对外经贸合作中大量引进、消化、吸收国外先进的技术、管理经验和制度安排,使得我国制造业生产率迅速提高。持续吸引农村劳动力向二、三产业转移,而由于二、三产业多在城镇,就使得农村人口不断涌入城镇。因而过去我国城镇化率的提高主要受工业化“拉”动,是工业化程度不断提升的结果。产业集聚带动了人的集聚。

“新型城镇化”下,人的集聚对产业集聚的带动会明显增强,从而加快城镇化进程。世界银行的研究表明,随着越来越多的农村人口市民化,城市投资的边际成本会逐渐降低,从而有利于企业获得更大的市场和更高的利润,这又会吸引更多的人来到城镇。随着城镇需求的迅速增长和多元化,专业化分工还将进一步提高经济的效率。同时,许多新型业态,特别是现代服务业,如金融和保险业、信息和计算机服务业等,必须依托城市的发展才能得到扩张。不仅如此,城市产业的繁荣和高回报也将吸引更多的资本、技术和人才,这些要素的整合又会进一步诱发新的技术创新活动,并促进新兴产业的形成。城镇化将成为社会经济发展的主要驱动力量。

第二,“新型城镇化”之“新”也体现在发展思路的变化上。与传统城镇化不同,“新型城镇化”不仅仅是城市人口的增加和城市面积的扩大,而是要在产业支撑、人居环境、社会保障、生活方式等各方面都实现由“乡”到“城”的转变。“新型城镇化”是以城乡统筹、城乡一体、产城互动、节约集约、生态宜居、和谐发展为基本特征的城镇化,是大中小城市、小城镇、新型农村社区协调发展、互促共进的城镇化。新型城镇化的核心在于不以牺牲农业和粮食、生态和环境为代价,着眼农民,涵盖农村,实现城乡基础设施一体化和公共服务均等化,促进经济社会发展,实现共同富裕。

《债券》:基于“新型城镇化”的发展思路,未来的改革将具体体现在哪些方面?

潘向东:在“新”的发展思路下,未来的改革将围绕以下几方面展开:

一是解决“双二元结构”,即城乡之间和城市内部的二元结构。城乡和区域之间的社会保障制度、土地管理制度、劳动就业制度、行政管理和公共财政制度等均建立在户籍制度的基础之上,并成为限制人口在城乡之间转移、限制人口跨地区转移的刚性结构。因此,解决“双二元结构”需通过城乡之间、区域之间的配套性制度改革,在城乡一体化、区域一体化乃至国家国民待遇体制的整体思路下确立制度改革新逻辑,重建制度体系的新框架。

二是推进农业现代化、提高农民收入。“新型城镇化”的发展,其根本在于农村生产力和工业生产力的趋同。这就要求必须加快农业规模化生产,建立现代化的农业经营体系。要规模化农业生产,第一步则是农村土地的确权和流转。在以往的征地补偿工作中,因为程序不完善、补偿办法存在缺陷、标准偏低、被征地农民长远生计保障不足等原因,一些地方违法违规征地、强占乱占农民土地的现象时有发生,威胁到社会稳定。要保证农村土地流转的顺利实施,则必须从制度上保证各方的合理利益,在土地流转过程中遵循等价交换原则和自愿原则。去年12月24日,国务院提请十一届全国人大常委会第三十次会议初次审议的土地管理法修正案草案,对“土地补偿”作了重大修改,为农村土地管理改革开启了一道想象的门,不过改革之路还任重道远。

三是加快优化产业结构,提高第二产业的效率与质量。这是化解城镇化进程中经济增长与资源环境约束两者矛盾的关键。要求中国的工业化从以往的“粗放型”逐步过渡到“集约型”的发展方式。充分发挥市场机制，优化产业结构，鼓励企业做大做强。立足全局和长远目标，推进战略性的产业调整，有效实现我国产业结构升级，建立现代产业体系，鼓励“创新型增长”。以信息化带动工业化，以工业化促进信息化，坚持走科技含量高、经济效益好、资源消耗低、环境污染少、人力资源优势能充分发挥的道路。

四是进一步发展第三产业。过去中国依靠工业化来推动城镇化，导致第三产业发展比较滞后，而第三产业的加速发展对经济总体保持平稳较快增长具有举足轻重的作用。目前我国仍有部分服务行业在政府的管制之下，如传媒行业、教育、医疗等，这些领域都存在着快速发展的潜力。

五是城市发展区域化与产业集聚相结合。未来城市发展与产业发展都将突出规模化、区域化。将着力发展以特大城市为依托、大中小城市和小城镇协调发展的新型城市体系。城镇化带来了区域化的发展，需对城市群进行综合规划、综合设计、综合引导。加强交通网络和产业体系建设，增强城市功能，提高辐射能力。加强区域中心城市建设，注重发展壮大省际边界地区中心城市。着力抓好县城和中心镇扩容提质，充分发挥小城镇在联结城乡、辐射农村、扩大就业中的重要作用。

六是建设“美丽中国”。这对“新型城镇化”下我国经济的发展质量和效率提出了更高要求，是对在资源环境约束下继续推进城镇化进程的挑战。严格的节能环保目标和政策有助于约束企业行为，实现资源环境友好型的经济增长。

《债券》：这样看来，未来的改革是个庞大的系统工程。那么，您觉得当前有没有一个具体的突破口?

潘向东:个人觉得,最先应该下手的点是房地产业。

为什么这么讲呢?因为我认为未来经济平稳发展的核心就是进一步深化城镇化,城镇化进程加快的具体表现是修路建房等相关城市建设投资的加快和城市消费的提升,这将成为拉动经济增长的主要动力,而修路建房和城市消费的纽带就是房地产业。

目前来看,我国房地产业的一些问题阻碍了城镇化进程。一是房价过高,大多数想进城的人买不起房,这会抑制城镇化进程;二是限购政策,没有在本地纳税就买不了房,这也与城镇化背道而驰。要推进城镇化进程,应逐步取消这些限制性政策,与此同时,还需推进户籍、土地制度改革。

从更宏观的方面来看,畸形的房地产市场绑架了当前经济,制约了货币政策和财政政策的效果,也阻碍了城镇化进程。在房地产市场没有实现"着陆"之前,经济政策容易患得患失,所带来的经济的回升也是偏弱的,很难形成所期盼的小周期。因此,理顺房地产市场是改革突破口。

《债券》:理顺房地产市场也是多年来我国经济建设中在努力的一个方向,但受制于各种原因,一直还没有做到。您认为有哪些可行的办法来实现这一目标?

潘向东:通过税收手段理顺房地产市场,应该是一条有效的途径。

税收手段主要有开征房产税和提升交易环节的所得税。从目前中国经济和社会发展所处的阶段来看,提升交易环节的所得税要比征收房产税更能使房地产市场"着陆"和更具有操作性。

房产税本质就是财产税,与资本利得税和遗产税一样,是经济和社会发展到一定阶段的产物,从社会公平的角度来看,迟早会推出。但目前,且不说目前中国国民的税负已经很高这一现状,就从税收本身来看,这一看上去比较完美的政策由于所处发展阶段的问题很容易使这些政策产生“水土不服”。例如,对非自住房屋实施累进房产税的方式,虽然可以直接抑制对房地产的投机,但若在全国实施同样将面临多方面的挑战:

其一,一直以来,由于养老保险体制没有完全有效建立,而投资渠道又极度缺乏,老百姓都是通过购房来实现财产性收入的增长和消除对未来养老与医疗的忧虑,其现金流并不一定充裕,一旦对存量房开征房产税,反对声可想而知,而且征收的难度也可想而知。

其二,由地方政府实施对相当多的房屋征税,是否会出现像上世纪90年代征收农业税一样的结果,地方政府进行税费绑定,无形之中加重了居民的税费负担,从而与政策出台初衷相背离?

其三,税收一旦开征,各级财政将对其形成收入依赖,一旦房地产市场低迷,也很难有调节的余地。

其四,由于房地产发展的大周期仍然没有结束,那么房产税就很容易被转嫁给购房者,从而可能变相推高房价,与开征的初衷相背离。

提升交易环节所得税的可操作性更强,因为交易过程的现金流充裕,而且向增值部分征收高税收还很难转嫁。既然增加税收是为打击房地产市场投资和投机,那么在增税的同时也需要对刚需群体进行减税,可以考虑对只拥有一套房者进行个人所得税抵免购房信贷还款。

假若出现目前部分人所担心的房地产税收政策的出台导致宏观经济更加低迷,那么可以考虑通过积极货币政策的方式促进市场的供需平衡。

同时,以房地产市场调控作为突破口,加大土地流转制度和户籍制度等一系列深层次体制的改革力度,促使城镇化进程加快,从而打破当前宏观经济困局,启动新一轮经济增长。

《债券》:城镇化与金融市场将怎样互动?

潘向东:一方面,城镇化推进的速度加快,能够促进金融、教育、医疗、保险等服务业的快速发展;另一方面,金融业的资金流向决定着资源配置和经济的发展方向,城市、城镇的建设都需要金融业来提供资金支持,具体可以包括股权、债权或者银行贷款等多种形式。

当前正在进行的金融体制改革,将理顺金融业的市场化机制。债券市场在去年推出了中小企业私募债等创新产品,股票市场应进行诚信建设,增加股市对优质上市公司的吸引力。保险业、银行业也有望打破垄断,更多的中小金融机构将兴起,实现为中小企业服务这一目的,弥补多年来金融业主要为实体经济中的大企业服务、难以惠及中小企业的空白。中小企业发展得更好,也有助于城镇化的推进。

过去一年,股市很低迷,债市涨幅较好,债券市场规模也得到了很大的发展。今年,我相对更看好股市的投资机会。相信这也会推动股市更多更好地为实体经济服务。

(本文原载于《债券》2013 年 1 月刊)

从经济改革视角解读　全面建成小康社会的途径

——专访曹凤岐

我国30多年的改革开放实践证明，改革是我国发展的最大红利。党的十八大报告提出，在新的历史起点上要实现全面建成小康社会的目标，改革依然是主要动力。

如何全面建成小康社会

（一）对小康社会的认识

报告提出“全面建成小康社会”的目标，那么什么是“小康社会”？实现了国内生产总值和城乡居民人均收入比2010年翻一番，就实现了目标？我认为不止于此。报告中还提到人民民主不断扩大，人权得到切实尊重和保障。在党的文件里提到“人权”可能是第一次，应该说是一个非常大的进步。此外，报告提出文化软实力显著增强，社会主义核心价值体系深入人心，文化产业成为国民经济支柱性产业，社会主义文化强国建设

曹凤岐，著名经济学家。

基础更加坚实,也是一个创新。另外,人民生活水平全面提高,基本公共服务均等化总体实现,全民享受教育程度和创新人才培养明显提高,就业更加充分,收入分配差距缩小,社会保障全民覆盖,也是一个方面。还有建成资源节约型、环境友好型社会,整个社会有很大的进步。

报告指出,我国现在还处于社会主义初级阶段,总布局是“五位一体”,即:经济、政治、文化、社会、生态文明建设,总任务是实现社会主义现代化和中华民族伟大复兴。从经济到民主,一直到文化、资源,当这五个建设都取得了非常大的成就,才可以说进入了小康社会,这是我对报告中小康社会的理解。

(二)城乡居民收入翻番目标值得期待

作为经济学者,我更关注报告提出的2020年国内生产总值比2010年翻一番的同时,实现城乡人均收入倍增计划,这无疑是一个里程碑。

现在很多人在测算,国民生产总值比2010年翻一番是比较容易实现的,只要我们保持7.1%以上的速度,就可以达到。十年后的GDP可能与美国相当,或者超过美国。

我国人均收入翻一番也可以实现,但可能会存在一些不确定性,有一定难度。要考虑通货膨胀、人口增加、城乡居民比例变化、城乡居民收入差别等一些因素,所以并不太好计算。有关收入的指标实际上现在有很多,有按人民币计算的人均GDP,还有在国际上按美元计算的GDP,2010年人均大概为3900多美元。还有城乡居民人均收入,最典型的统计数据是城乡居民家庭可支配收入和农村居民家庭人均纯收入。城乡居民收入是计算出来的,把城乡人口的比例和其收入引入计算,这个数字有时不太准确。有人说到2020年翻一番,应明确是城镇翻番、农村翻番还是人均翻番。我认为，十八大提出的城乡居民收入比2010年翻一番，应当是指城乡居民的人均收入可能更合理，或者更科学。若计算人均收入翻番所需年数，1980—2010年期间，居民人均收入翻番用了8.84年，1990—2010年翻番用了8.06年，2000—2010年翻番用了6.91年，2013年离2020年还有8年。按照2000—2010年的速度差不多。城镇家庭也是一样，人均收入翻番用了7.96年。但如果以农村人均收入计算，则需要9.19年。所以若要分开算可能还是有问题，农村这部分达不到，因为现在城市和居民收入差三倍。这是根据可比GDP计算的，实际上比按照CPI调整需要的年份还要多，所以说农村的人均纯收入翻番的难度，比按CPI调整难度还大，需要加倍努力，好好研究。

根据国家统计局2011年12月公布的《中国全面建设小康社会进程统计监测报告》，2010年居民人均可支配收入估计为10046元，按2000年不变价，是2000年的2.73倍。如果以2010年居民人均可支配收入为基数，翻番后2020年居民人均可支配收入将达到20092元。现在"十二五"里面提出要五年实现收入翻番，2020年前城乡居民收入有望保持7.3%~7.4%的增速，所以十年收入翻番也不是一个太高的数据，但应该说还有一定难度。如果翻一番的目标实现，标志着居民购买力提高一倍，这确实是一件值得期待、非常幸福的事情。

（三）实现小康社会的途径

如何实现小康社会，不是轻而易举的。正如报告所提出来的，坚持发展是硬道理的本质，而且是科学发展，以科学发展为主题，以加快转变经济发展方式为主线，这是关系我国全局的战略选择。

按照世界银行的标准，2010年我国人均国内生产总值达到4400美元,如按3000美元就进入中等收入阶层来计算,我国已经进入中等偏上国家的行列。但要注意和警惕堕入“中等收入”陷阱的风险。即:当国家的人均收入达到中等水平以后,由于不能顺利实现经济发展方式的转变,导致经济增长动力不足,最终出现经济停滞的状态。当今世界很多国家也存在类似的问题,像巴西、阿根廷、墨西哥等,在20世纪70年代均进入中等收入国家行列,但一直到2007年,仍挣扎在人均GDP3000~5000美元的发展阶段,并没有见到增长的动力和希望。

从我国国情看,经济发展起点低,以往曾依靠投资、出口来带动,若再照此模式,可能问题就非常大,因此要转型。但现在缺乏继续高速或者平稳增长的动力,而且存在人口红利逐渐消失(尚存一些争论)、创新不足、社会公平问题等。尤其是如果公平问题不解决,社会矛盾就将非常突出。当然还有金融体系和各方面的问题。通过对转型比较成功的日本和韩国的分析来看,要依靠转型、技术创新来保持经济平稳、快速和持续发展。

报告中提出,加快社会主义市场经济体制和加快转变经济发展方式。如何转变经济发展方式?报告也指出了明确的方向和道路,体现在五个方面:第一,要全面深化经济体制改革,实际上最重要的是处理好政府和市场的关系。第二,实施创新驱动发展战略。第三,要推进经济结构战略性调整,这是加快转变生产方式的主攻方向,必须改变需求结构、优化产业结构、促进区域协调发展、以推进城镇化为重点,着力解决制约经济持续健康发展的重大结构问题,包括推动战略新兴产业、先进制造业,还有促进传统产业的升级。发展现代服务业都提到了,支持小微企业的发展,充分发挥各地区的比较优势,地区发展战略,加大对老少边穷地区、少数民族地区支持等。经济结构总体上要协调发展,城乡协调发展、区域协调发展,其中经济结构主要还是产业结构的一些调整。第四,推动城乡一体化,实际上加大统筹城乡发展力度,促进城乡共同繁荣。尤其是提到了加大惠农、富农的政策力度,让广大农民平等参与现代化进程,共同分享现代化成果。第五,全面提高开放型经济水平,要走出去,比如在技术、资本等方面。

增强创新驱动发展新动力

(一)推进经济结构的战略性调整

首先,从我国外向型经济发展来看,我国出口产品结构不合理,中低端产品较多,一旦遇到国际金融危机,就可能出现大问题。而我国出口的高精尖产品又受到贸易战、贸易壁垒的制裁,比如轮胎和光伏的出口,这样下去如何发展?要增加内需,调整结构、转变方式、创新驱动都非常重要,要有自己的知识产权。

其次,从内部环境看,我国经济中发展不平衡、不协调、不可持续的问题现在相当突出,地区发展不平衡、中西部不平衡、城乡发展不平衡、产业发展不平衡、不协调,大城市越来越大,农村越来越萎缩。

上述问题如果不解决,我国的持续发展就很成问题。应从以下方面推动改革:一是推进经济结构战略性调整,这是报告中讲的。压缩产能过剩的一般加工业,关停高耗能、高污染、高排放的企业。二是推动战略性新兴产业、先进制造业健康发展,加快传统产业升级,加快发展生物、医药、信息、先进制造业等产业,实现传统产业更新换代。三是推动服务业,特别是现代服务业的发展壮大。目前我国的第三产业相对落后,如果服务产业发展起来,包括普通的服务业、金融业,将有助于拓宽就业渠道。

四是支持小微企业，特别是科技型小微企业的发展。要对社会资本投资给予国民待遇，除法律特别规定外，应允许社会资本以参股等方式进入金融、铁路、航空、电信、电力与城市供水等基础和垄断行业。要增加市场主体活力，而不是国进民退，应该是民进国退。当然国家还要掌握一些重要的行业，这样整个国家就发展起来了，这才是结构性调整。五是继续实施区域发展总体战略。原来优先发展东南沿海，后来加快东北老工业基地建设，推进中部崛起，开发西北，然后支持老少边穷、少数民族地区的发展，实现产业协调、区域协调。

(二)实施创新驱动发展战略

报告指出，要把全社会的智慧和力量集中到创新发展上来。主要是用科技创新来带动中国的经济发展。实际上在《国家中长期科学和技术发展规划纲要》里面已经提到了。

当前我国自主创新明显不足。国家知识产权局有关负责人曾指出，近年来，我国知识产权保持持续增长，但仍然存在隐忧与不足。据初步统计，2010年中国平均每1.3亿美元出口才有1件国际专利申请，与美日等国的差距很明显，中国国际专利申请量仅为美国的27.5%。在国际专利申请公布量全球百强中，中国企业仅3家，在国际专利申请公布量全球前50名高校中，中国高校无一入选，这确实需要反思。

要增强创新发展新动力，应强化以下方面改革：一是加强科研体制创新，以市场为导向，减少政府行政干预，完善支撑科技创新机制，解决部门之间的协调问题。二是科技创新应与产业调整相结合，服务于国家发展战略性新兴产业的需要。三是解决科技与经济脱节、创新成果转移及市场需求问题。四是强化知识产权的保护。五是强化创新驱动的教育和人才基础。

推动城乡发展一体化

(一)加快城镇化步伐是解决我国二元经济矛盾、缩小城乡差别的重要途径

城镇化既可以扩大消费,又可以消化过剩产能,还能够保证经济增长。我国现在所推动的城镇化与2002年以来启动的“城市化”进程不同,当时注重于大城市的外延和无限的扩容,而现在则更注重中小城市群。在城镇化的背后,不仅隐藏着巨大的内需扩容的空间,也是城乡二元体制的分拆与重塑的过程。走城镇化道路,就要建设更多的城市群,小城市的、集镇的群。实现农村人口在城镇居住,户籍也迁到城镇中,然后发展产业。

(二)将统筹城乡区域协调发展与推进城镇化相结合,大力拓展发展空间

城镇化是我国经济持续发展极为重要的动力,城镇化水平每提高一个百分点,就有一千万农村人转化为城里人。稳妥推进城镇化,将推动基础设施建设所带来的投资增长,以及居民生活水平提高所带来的消费能力扩大,为我国扩大内需和调整经济结构提供动力。

我国城镇化率数据提高很快,但实质城镇化率却不高。根据国家统计局发布的数据,2011年中国城镇人口为69079万人,占总人口51.27%。这是按照常住人口来统计。在城镇人口中,既包括城镇中的非农业人口,又包括常住在城镇区域内的农业人口。按照国际惯例,居民在一地居住6个月以上,即按照居住地的办法。但不同的是,外国没有户籍限制,而我

国是有户籍限制的,真正的城里人只占总人口的26%左右。25%的人虽然居住在城镇里,却不是城镇人,而是农民工,劳保福利必须回到当地农村报销。由此看来,我国的城镇化还差得远,只有把农民变成城市人,享受医疗保险、户籍,才是真正的城镇化。

统筹城乡发展是解决当前我国面临的根本矛盾的重要途径,从国情上加强中小城市和小城镇的发展,在资源、土地方面应更加宽松,也有利于降低农村人口向城市转移的成本。要把符合条件的农业人口逐步在城镇就业和落户作为推进城镇化的重要任务,放宽中小城市和城镇户籍限制,这是农民享受教育、医疗、廉租房等城市公共服务的前提,也将使农民工在城乡之间的流动逐步稳定下来,为消费提供较大的增长空间,推动城乡差距问题的解决和维护社会稳定。

(三)城镇化是解决“三农”问题的根本途径

“三农问题”是关系改革开放和现代化建设成败的重大问题。由于农业发展直接影响国家经济,占中国人口总量3/4的农村人口的生活状况是我国总体生活状况的最主要表现之一。没有农村的稳定就没有全国的稳定,没有农民的小康就没有全国人民的小康,没有农业的现代化就没有整个国民经济的现代化。要真正解决“三农”问题,让农民富起来,扩大农村消费、提高内需,关键在于城镇化。把农民转型为城镇居民,改造为农业产业工人,是解决“三农”问题的重要途径。

我国农村实行土地承包制是非常大的进步,但是土地分散经营与农业产业现代化却格格不入。因为分散经营很难实现产业化,产前、产后合作很难展开,抗风险能力很差,仍然是靠天吃饭。在一些自然条件差、生存环境恶劣的地方仍然无法解决温饱问题,农业不仅受市场制约还受自然制约,农业收入极不稳定。由于耕种等农业生产模式多是单打独斗,懂得农业技术、农产品市场信息、具备一定的财务和营销管理能力,对于绝大多数农民来说都是做不到的。能否让农民通过转让土地承包权,或者土地、山林使用权,或者通过土地、山林入股的方式,让少数人集中去做呢? 如果可以,林权的使用权是农民的,可以转包,农民还可以获得财产收入;今后对农民的征地也应该改变,不要去强行征地,而是采取入股的方式。入股可以多次分红,农民可以去当保安,既有财产收入又有工资收入。2010 年广州亚运会征地时就采取了这个办法,没有强征农民的土地,而是让农民入股,农民每年都拿着分红,特别高兴,有能力的可以再去找工作,没能力就在家养着。然后就可以集中居住,建成一个居民区或者是小城镇,政府可以建立基础设施,农民变成了工人,享受医疗保险待遇。在城镇化建设过程中,建立新的居住区可以保障农业资源和投入资金实现效益最大化。因此,财产收入也是让农民富起来的途径之一。

深化收入分配制度改革

报告指出,必须深化收入分配制度改革,努力实现居民收入增长和经济发展同步,劳动报酬增长和劳动生产率提高同步,提高居民收入在国民收入中的分配比重,提高劳动报酬在初次分配中的比重,初次分配和再分配都要兼顾效率和公平,再分配更加注重公平,多渠道增加居民财产性收入,规范分配秩序,保护合法收入,增加低收入者收入,调节过高收入,取缔非法收入。

(一)我国收入分配中存在的主要问题

首先,我国劳动者的报酬占 GDP 的比重逐年下降,居民收入增速低于 GDP 和财政收入增速。自 2003 年以来,城市居民可支配收入连续 6 年低于 GDP 增速;自 1997 年以来,农村居民现金收入连续 13 年低于 GDP 增速,表明居民相应的产出没有得到相应回报。1999 至 2007 年,国家财政收入年平均增速为 20.2%,同期居民可支配收入增速仅为 11.5%。

其次,收入差距明显偏大。1981 年,我国的基尼系数为 0.2927,2008 年上升到 0.48,实际上 2010 年为 0.483,最高收入组的收入相当于最低收入组的 8.3 倍。低收入高消费倾向的居民消费能力有限,高收入低消费倾向的居民消费意愿有限,导致我国居民平均消费倾向不断下降。根据北京国际城市发展研究院联合中国社科文献出版社最近发布的《社会蓝皮书——中国社会创新报告》,我国改革开放丰硕成果背后隐藏种种复杂的不稳定风险,贫富差距正在进一步扩大,逼近社会容忍线。城乡差距也很大,当前我国城乡居民收入比达到 3.3 倍,国际上最高是 2 倍。

第三,公共服务在政府总支出中比例偏低。2008 年人均 GDP3260 美元,2007 年教育、医疗、社会保障三项支出占政府总支出的比重为 29.2%,与人均 GDP3000 美元以下的国家和 3000~6000 美元的国家相比,分别低 13.5 和 24.8 个百分点。由于政府公共服务支出总体不足,居民自身收入又较低,从而挤压了其他消费。

第四,收入分配还存在一定的不公平、不合理现象,影响社会的公平与稳定,对经济发展十分不利。

(二)改革是解决收入分配问题的根本途径

收入分配中存在的这些问题必须通过改革来解决。现在制定收入分配方案,主要是提高居民收入在国民收入分配中的比重,提高劳动报酬在初次分配中的比重。一是在提高劳动者报酬占比方面,除继续完善低工资制度外,主要通过加大对劳动技能和在职培训等方面的公共投入,提高劳动力价值。二是加大财政税收在初次分配和再分配中的调节作用。在二次分配领域,要改革税收制度、增加政府货币性支出,个税征收按照有利于提高低收入者收入水平的原则设计,同时根据每年的通货膨胀率和收入水平,进行适当调整和扣除,并考虑地区差异。所得税起征点要体现扶低、扩中、限高原则。三是深化垄断行业收入分配制度改革,完善对垄断行业工资总额和工资水平的双重调控政策。四是规范收入分配秩序,保护合法收入,调节过高收入,取缔非法收入。五是增加财产性收入。在农村推进和深化土地制度改革,让农民分享土地升值收益。六是建立起覆盖全社会的社会保障体系。这个现在正在做,覆盖面基本上扩大了,但是保障水平还是比较低的。

深化金融体制改革

报告指出,健全现代市场体系,加快改革财税体制,深化金融体制改革,完善金融监管,推进金融创新,维护金融稳定。

(一)继续深化金融改革,打破金融垄断,发展合作金融、民间金融

在我国,大银行的存贷款业务量大约占据了整个市场份额的70%,服务对象是大企业,所以中小微企业还是缺钱、缺贷款。因此,要发展中小金融机构,发展合作金融、民间金融。民间金融的合法化、阳光化、规范化非常重要,应赋予民间金融一定的法律地位,促其规范。

温州改革已经试水了。2012年3月份,温州改革试验区推出12条措施,最近细则也出来了,比如发展小额贷款公司、允许部分小额贷公司转为村镇银行等等。有人认为,细则对小额贷款公司转变为村镇银行没有

着力提,我个人认为小额贷公司不一定都要转为村镇银行,有条件的可以转。设想一下,如果转为村镇银行,转为城商行,城商行再往国际银行发展,就可能不为农村服务了。小额贷款公司恰恰是农村小额金融最需要的,是普惠式金融,甚至是熟人金融,用不着抵押、担保,春天借了秋收就还了。村镇银行还有管理的问题,按照金融机构来做,满足资本充足率要求,要有专门的管理人员。

另外,要发展多层次资本市场。我国发展资本市场过程中面临的最大的问题是在发展股市、股权融资方面。我国股权交易市场规模很小,而且风险很大,所以我主张现在要重点发展债券市场。不是国债、金融债,而是要发展企业债、公司债、可转换债,甚至可以发高收益债,就是垃圾债券。然后是发展基金市场,公募基金、产业基金、创投基金,也包括私募股权基金,这样可以长线投资,不直接扰乱市场,投资于未上市企业,等上市后再退出,或者用其他资产重组办法退出,对稳定市场非常有好处。再有发展衍生品市场。目前即将恢复国债期货交易,以后还要搞期权市场。有人说这个对股市有冲击,但国外经验表明,金融衍生品对于稳定市场还是有好处的。通过投机、买空卖空、套期保值、发现价格,避免市场大的波动,对现货市场有好处,所以我们还会逐渐发展。因为目前我国间接融资的比例仍较大,银行融资受计划影响非常大。城镇化资金哪里来?还得靠资本市场,建立或改组为股份公司,可以发股票、债券,也可以发地方融资券,所以要放开这一块,然后加快利率市场化改革。

此外,应加快人民币国际化步伐,增强人民币话语权。尽管我国资本项目还没有自由化,但有一个好处,可以防止热钱流入流出,但是如果人民币不能自由化,可能永远不能成为国际货币,很多事情也不能做,而且会吃亏，所以这也是改革的一个重要方面。

（二）完善金融监管体系

金融监管体系实际上与对外金融环境、对外开放有很大关系。比如，2008 年美国的次贷危机以及此后 2008、2009 年的金融危机，最主要的原因就是衍生品的创新，必须要加强监管。另外对金融业务综合化、现代化也要加强监管。美国吸取教训进行了改革，奥巴马 2010 年签署的美国金融改革法案，提出来如何统一监管，另外加大了美联储的权力。这对于各国的监管是个重要启示，要走综合监管之路，加强宏观审慎的监管。

过去的监管思路是各国银行的风险都控制住了，银行体系的风险就没了。现在通过金融危机发现，个别风险没事，但是整体宏观出风险了，所以现在巴塞尔协议Ⅲ重点是加强宏观审慎监管，另外保护投资者合法权益。目前，我国实行分业监管，但是多头监管与交叉监管容易导致监管冲突和监管效率低下，另外很多的金融企业都是控股公司，如何监管也是需要思考的问题。从长远来看，中国应当走金融统一监管或者综合监管之路，变分业监管为统一监管，建立统一监管、分工协作的体制。

我们设想有几个步骤。第一，当前在金融监管体制不变的情况下，进一步改进和完善，现在的联席会议制度还很松散，应该加强；第二，应考虑能否先在三会基础上建立一个金融监管协调机构，这个机构在国务院层次上建立，主席可由主管金融的国务院副总理或者国务委员兼任，其他各监管部门主要负责人参加；第三，建议在条件成熟的时候，在中国金融监管协调委员会的基础上，建立具有政府管理职能的中国金融监督管理委员会。实际上，这种体制并不是我们创造的，英国金融服务局早就如此，世界上至少有几十个国家是这样的。金融监督管理委员会下面可设三个分会,一是金融审慎监管委员会,进行宏观加微观的审慎监管,一行三会的职能让这个委员会承担;二是投资者保护委员会,负责业务运作和投资者保护;三是金融稳定委员会,负责金融体系的整体稳定性,制定金融监管的法规和政策。央行仍然担任一部分金融监管职能,就形成金监会为主、与中央银行共同监管的一行一会监管体制。

总之,应对我国经济的持续稳定和快速发展充满信心,对 2020 年全面建成小康社会充满信心。只要我们坚持改革、坚持创新,肯定我们会发展的。

(本文原载于《债券》2013 年 1 月刊)

中国经济仍处在适度增长的轨道上

景学成

主动调控局面下的宏观经济表现

回顾 2012 年，中央对全年经济工作的要求是“稳中求进”，执行结果是“稳中有进”。首先是经济增长速度稳定于预期目标附近，年初预定的 GDP 增速为 7.5%，最终实现增长 7.8%，增长速度比 2011 年出现了一定程度的回落，其主要由净出口下滑引起，但固定资本形成和基础设施仍对经济增长有显著的拉动作用，而且消费的作用异军突起。需要注意的是，增速下降是政策主动调控的结果。从中长期看，“十二五”规划确定的经济增长目标是 7%，其中，2012 年和 2013 年的增速目标均为 7.5%，宏观经济目标适当调低，并适当调整通货膨胀的目标，给经济持续稳定增长、经济结构调整和增长方式转变创造了宽松环境，有利于实现更长时期、更高水平、更好质量的发展。

2012 年两次降准降息、多次运用逆回购操作，货币政策稳健趋松，财

本文作者时任和谐战略研究联盟理事长。

政支出增加、结构性减税推行,财政政策较为积极,这些都对经济稳定增长起到了支撑作用。放眼全球,中国经济7.8%的增长速度仍然是比较快的,并一直处于持续的正增长状态。

(一)投资方面

2012年固定资产投资同比名义增长20.6%,增速比2011年回落3.4个百分点。不利于投资增长的因素有:外需放缓,对相当一部分与出口相关的制造业投资产生了影响;节能减排进一步强化,随着资源价格不断调整,要素价格扭曲得到了一定程度的矫正,这也对高耗能投资形成制约。2012年固定资产新开工项目计划总投资309083亿元,同比增长28.6%,增速回落0.2个百分点,政府投资的上升在未来一两个季度应能有效对冲制造业投资下行的风险。

(二)进出口方面

2012年,我国外贸进出口总值38667.6亿美元,增幅逊于预期。其中出口20498.3亿美元,增长7.9%;进口18178.3亿美元,增长4.3%;贸易顺差2311亿美元,扩大48.1%。相对加工贸易而言,具有国内产业链长、增加值较高特点的一般贸易平稳增长,一定程度上反映出我国贸易方式的优化。中国外贸总额增长未达预期,主要是由于全球经济增长乏力,特别是欧债危机趋于恶化,国际市场需求严重不足所造成的。由于发达国家竞相推出新的宽松货币政策,会对刺激消费起到一定作用,这方面未来会对我国出口产生一定的积极影响。

(三)消费与通胀方面

消费扩大比较平稳。全年社会消费品零售总额207167亿元,比上年名义增长14.3%,比上年回落2.8个百分点(扣除价格因素实际增长12.1%,比上年提高0.5个百分点),但消费对经济增长的贡献度超过投资和出口。

2012 年控制通货膨胀效果明显。全年 CPI 同比上涨 2.6%，低于全年 4%的通胀目标。全年广义货币（M2）余额 97.42 万亿元，同比增长 13.8%，狭义货币（M1）余额 30.87 万亿元，同比增长 6.5%，与年初的目标值基本接近。2012 年人民币贷款新增 8.2 万亿元，较 2011 年的 7.47 万亿元多增 7320 亿元，显示信贷对经济的扶持力度在加大。

（四）经济结构与产业升级

值得注意的进步是，全年结构调整的力度在加大，产业升级的步伐在加快。主要表现在：

一是农业生产继续得到加强。

二是服务业比重有所提升。2012 年第一产业占 GDP 的比重为 10.1%，基本与 2011 年持平；第二产业占 GDP 的比重为 45.3%，比上年下降 1.3 个百分点；第三产业占 GDP 的比重为 44.6%，比上年提高 1.2 个百分点，服务业对经济增长的贡献明显提高。

三是工业内部结构开始分化，传统产业增长速度回落幅度在加大，但新兴产业增长速度在加快。2012 年，高新技术产业增加值增速高出规模以上工业平均增速 2.2 个百分点。2012 年全国规模以上工业增加值按可比价格计算比上年增长 10.0%，增速比上年回落 3.9 个百分点。其中，重工业增加值比上年增长 9.9%，轻工业增长 10.1%。

四是节能降耗成效显著，2012 年单位 GDP 能耗下降约 3.6%。

五是区域结构的协调性在增强。无论是从实体经济的发展速度，还是从国内生产总值的增长速度，还是从投资的增长速度来看，当前中西部地区都高于东部地区。东、中、西部地区的发展差距有所缩小。

经济适度增长与结构调整

(一)中国经济不会“硬着陆”

有一种观点认为,中国经济正在经历或即将发生“硬着陆”,我并不认同。首先,从目前的经济数据来看,中国经济仍在适度增长的轨道上,没有发生GDP或工业生产的“断崖式下跌”。“十二五”规划将经济增长的目标定在7%,按照以往的经验,实际情况都会好于规划,预计未来几年平均增速应在7%~8%,中间可能会有增速的小幅起伏,但不会出现断崖式恐慌性的下跌。

西方某些经济学家关于“中国经济崩溃论”的说法既缺乏事实基础,也缺乏理论基础。从经济学上说,两个季度连续负增长才是衰退。显然,中国经济自2008年全球金融危机爆发以来,还没有经历过负增长;2012年前三个季度经济增速的减缓是经济发展阶段和宏观政策主动调控叠加的结果。过去的两位数增长是在房地产投资增长保持在30%的基础上的,现在的房地产投资增长大体保持在20%的水平,经济增长步伐更稳健,季度之间的增长波幅更小。

国际货币基金组织的报告也指出,一国经济增速在一个百分点之内的波动属于正常范围,并不值得大惊小怪。对于中国这个全球第二大经济体来说,全年经济实现正增长却被部分经济学家当做负面因素看待,其判断是缺乏事实和理论依据的。近年来,尽管受到全球金融危机的影响,中国经济仍一直处于正增长的平稳态势,只是增长的速度有所放缓,根本不存在“螺旋式下降”“自由落体式下滑”的情况。2012年GDP实现了7.8%的略高于指导性指标的正增长,预计这种中速增长是可持续的,符合现阶段中国经济发展的规律要求，也为经济结构调整创造了回转空间。

（二）加快转变经济发展方式

强调中国经济正增长、稳增长，当然并不是说没有风险。影响稳定增长的风险不仅来自国际经济形势的不确定性，以及由此带来的外需不振和萎缩，也来自国内公众对两位数增长的习惯性依恋，来自学术界和政策界增长理念的不健全，对经济增长速度放缓的规律性认识不够，思想准备不足。另外，把短期促进增长的措施和中长期调整经济结构的战略有机结合，一直是对政府宏观调控综合水平和掌控能力的考验，可惜在相当一段时间里，结构调整都是说得多、做得少，步幅不大，政策的跷跷板更多地倾向于保短期增长。实际上，以经济结构调整是长期任务为由，不断推迟和延宕结构调整，等于墨守成规，甚至是慢性自杀。

由于国际金融危机的持续冲击和我国改革发展进入攻坚期，加快转变经济发展方式显得更加重要和紧迫，“十八大”报告以及去年中央经济工作会议为我们勾画了未来中国经济发展的愿景布局：要“促进工业化、信息化、城镇化、农业现代化同步发展”。城镇化是一个系统工程，绝非简单引导农村人口进入城市，它也包含了消除城镇内部的二元结构、提升服务业水平、提高农业现代化程度等内容。要真正使经济增长转移到依靠科技进步和提高劳动者素质上来，真正实现高质量的增长，真正有利于经济结构调整，真正使中国经济的发展摆脱过度依赖资源消耗和污染环境，走上一条节约资源能耗，保护生态环境的正确道路上来。未来中国必须加快要素结构升级，通过人力资本提升、技术提升以及全要素生产率提升，促进中国经济发展模式从“要素驱动型”向“效率驱动型”转变。改革的红利极大释放了未来经济发展的潜能，要在政治、经济、文化等制度的改善上做文章，准确界定政府与市场的边界，减少行政对实体经济的干预,同时政策预调微调,发挥宏观调控的逆周期作用,为经济平稳发展营造良好的环境。

(三)经济结构调整的有利条件与不利因素

从宏观基本面来看,货币政策和财政政策双管齐下、改革红利不断释放、市场经济制度建设不断完善,为企业经营营造了良好的环境。从微观来看,企业去库存已接近尾声,部分行业去产能正在进行中,虽经历阵痛,但有助于产业的升级和有序发展,对中长期的发展有很大的促进作用。金融领域对小微企业融资门槛的放宽,加大金融对实体经济的扶持力度,像温州等金改区就定位于服务实体经济。

也有观点提出,我国影子银行风险过大,金融系统稳定性堪忧,易传导至实体经济层面,短期经济增长不可持续。个人认为,中国目前影子银行规模占融资规模总量的比例并不高,且杠杆程度也不高,风险总体可控,所以不必过于担心其对短期经济的影响。但从长期看,对其中的风险我们必须引起重视,并加以有效监管,否则无序发展,规模会越来越膨胀,触发流动性紧缩带来的系统性风险足以对整个经济运行产生破坏性作用。

此外,建议把 GDP 指标拉长为 GNP。按 GDP 计算严重扭曲各国实力对比关系,按 GNP 算,能更准确地反映中国的经济总量。

目前,中国经济正处在工业化中后期,消费率提升有很大的空间。经济增长的驱动因素从投资拉动转到消费拉动,将是个需要较长时间经历的过程,可以先逐步过渡到投资和消费并重,然后再逐步过渡到以消费拉动为主。

(本文原载于《债券》2013 年 4 月刊)

加快经济结构调整　转向供给管理调控

——专访李扬

《债券》：今年一季度GDP增长率为7.7%，这一数据大大低于市场的普遍预期。您是如何分析一季度经济形势的？应该如何看待这样的增长数据？

李扬：今年第一季度的基准数据出来之后，总的感觉理论界和业界有点吃惊。因为2月份的数据出来后，大多数机构预测GDP增长率能达到8.2%，结果一下降到7.7%，降幅比较大，所以对于形势需要认真地分析。

一季度大多数宏观数据是下降的，除了GDP增长率，社会消费品零售总额同比回落2.4个百分点；3月份CPI增长率也下降到2.1%；与其相关联，PPI也是下降的，同比增长率为-1.9%。让我们感到比较吃惊和有压力的是财政收入增长率的下降，1—3月累计，全国公共财政收入32034亿元，同比增速只有6.9%；其中中央财政收入同比负增长，为-0.2%，这是多年以来首次出现这样的状况。一季度出口数据总体来看情况还可以，同比增长18.4%，但3月的数据与2月相比急降至10%，比前两月累计出

李扬时任中国社科院副院长。

口增速回落 13.6 个百分点,也比较令人吃惊;固定资产投资数据走势比较平稳。

我们把眼光放到全球来看,目前我国宏观经济出现的这样一种下降是一种全球现象。大家知道,在 4 月 16 日,国际货币基金组织下调了对全球经济增长的预测。从国际机构对中国的看法来看,也下调了对中国经济增长的预测。甚至一段时间以来,国际社会"唱空"中国变成了新的时尚:先是惠誉将中国主权信用评级调降了一等,继而穆迪将中国主权信用评级展望由"正面"下调至"稳定"。最近有些评级机构还在酝酿对中国的主权信用及增长前景进行下调。这些都是客观的情况。

考虑到中国整体的潜在增长率是在向下走的,连续 30 年高达两位数的增长已经创造出了奇迹,在这个基础上如果说经济增长速度能够达到 7.7%,能够在 7.5%~8%这样一个区间水平上持续一段时间,也是相当好的。

社科院在去年甚至前年,就谈到中国经济在略低的或者称之为次高的平台上运行一段时间是很正常的,这是经过 35 年高速增长之后的一次正常调整。应该这样看,在确认经济增长企稳并有一定下滑的同时,应该认识到增长速度进入了新的常态。

《债券》:*既然是"新的常态",就有与以前不同的地方。您认为在次高平台的这种增长与以前的增长有什么差别?*

李扬:在名义增长下降的时候,当前我们更加追求没有水分的增长。过去几十年来在这么高速的增长过程中,也出现了泥沙俱下、鱼龙混杂的情况,现在我们把沙淘了、把水分挤出来,如果能做到,那么比过去低一两个点的增长率是我们的福气，代表中国经济增长的新阶段。挤出水分、比过去低一点的增长速度其实是这么多年我们孜孜以求的，只不过过去速度太快，稳不下来。现在我们有机会稳定、切实地去解决过去增长中出现的一些问题。

比如增长中的水分，很多是与投资有关。一边是很高的增长率，一边是产能过剩，这两种矛盾的现象已经并存很久，而且愈演愈烈。矛盾并存的背后与传统的增长方式有关——投资拉动，要追求经济增长速度就投资，不管投资以后会怎样。但是不计后果是不行的，投资下来第二年要么没有形成生产力，要么形成更多的闲置生产力，所以矛盾就这样产生了。

一季度的情况是个非常好的案例，用另外一种方式再次深刻揭示了我国经济中的问题和矛盾，再次让我们深思，再次促使我们下决心转变经济发展方式、进行经济结构调整，把提高质量、提高效益、可持续放在更加重要的位置上。

《债券》：面对经济增速的下滑，目前有一些人士表示出一定的担忧，并提出要刺激经济的主张。对此您是怎样看待的？

李扬：我本人是坚决不主张这样的政策取向。分析当前的政策，特别是财政政策、货币政策，究竟居于什么位置？

是刺激的、中性的还是紧缩的？从数据看得非常清楚：财政政策和货币政策都是相当扩张的。

先说财政政策，比较容易看，在一季度财政收入增长步伐放缓的情况下，财政支出增速仍然达到 12.1%，显示当前财政政策较为积极，仍是扩张性的财政政策，这种状况看起来还将延续。

再看货币政策。在货币信贷领域中,从数量指标来看,一季度M2同比增长15.7%,超出年初设定的13.8%的目标,而且现在看起来还很难压下去。3月份,M2余额达到103.61万亿元,M2与GDP之比高达191%。货币的扩张是可以确认的。从贷款来看,一季度人民币贷款余额同比增长14.9%,也是超出预期。更重要的是,大家越来越多关注的社会融资规模,一季度比上年同期增长2.27万亿元,增长得令人可怕。从价格指标看,当前同业拆借利率、回购利率双双下跌,国债收益率曲线整体下移,显示市场化的利率都在下行,这也是货币扩张的明确指标。

所以说,一季度GDP7.7%的增长率是在财政政策、货币政策双双扩张的背景下出现的。因此就得警惕了:还要不要刺激经济?如果要,我们是怎么走?沿着这个路再放水?再放货币?财政上不管收入怎么增长,进行更大的支出?不能够这样做。

《债券》:您刚才提到要改变传统的经济增长方式,加快经济结构调整,宏观调控政策应当如何促进这一进程的展开?

李扬:全世界这么多年来,尤其是危机以来,一直在大剂量地使用需求管理手段,包括财政刺激和货币扩张。对于我国而言,积极财政政策、稳健货币政策,说来说去都是需求的变化。接下来是延续这么多年来的需求管理还是抛弃需求管理,转向供给管理?我本人的政策建议很明确:必须立刻止住需求管理。要排除万难,把经济发展方式和经济结构的调整放在第一位。否则以后怎么办?

《债券》:您能具体谈谈需求管理所带来的负面作用么?

李扬：需求管理本来是可以有很多作用的，而现在完全变成了经济维稳、止泻的手段。维稳的另一个含义，就是它延缓了结构调整。危机中暴露出来的全球的问题、中国的问题，就在于结构出了问题、经济发展方式出了问题。不调整经济发展方式、不调整结构，这个危机是过不去的。但是，大剂量地使用需求管理手段，使得计划之中的结构调整无限度地向后推延了。

比如我国在2009年推出的4万亿投资计划，虽然有助于应对国际金融危机的冲击，但有一批已经被停掉的项目又被拿出来上马，因为要先把速度搞上去。一扩张就是投资，投资没有钱就贷款，结果出台4万亿投资计划的当年，新增贷款接近9.6万亿元。从M2与GDP之比，可以看得非常清楚，从有统计的1982年开始，这一数据为24%，之后逐渐攀升，到2005年、2006年止住了，开始出现下降。而2009年出现了跳跃式增长，2010年、2011年、2012年跟着又涨。在中央的扩张政策之后，又有地方版的扩张政策政策，需求管理非常过分。

因此，应该有这样的判断：这种宏观调控方式的负面效应已大于正面效应，风险效应已大于收益效应，需求管理已至末路，必须止作。配合宏观经济的转型和结构调整，宏观政策应该转向供给管理。

《债券》：供给管理又是怎样的一种调控方式？

李扬：所谓供给管理，不是说管理供给，而是要使得供给机制进一步市场化。从主体来说，供给管理就是政府少干、让企业多干，激发企业调整的活力，企业承担调整的责任，当然企业也获得调整的收益。从要素层面来说，就是要解放各种对要素价格形成的束缚，让劳动力、资金、土地等要素能够自由地流动,其定价能够反映供求关系,能够提供准确的信号。比如利率放开后,到底是升还是降?对此有不同看法。通过利率市场化,让资金要素的供应和需求力量充分展示,给出准确的定价数字,才能更好地安排我国的金融战略。

宏观调控政策应转向供给管理,现在也基本成为共识。不过大家对供给管理的理解也不相同,还存在一些误解。说到供给管理,很容易将之归于产业政策,针对财政政策、货币政策给出一个正面菜单、负面菜单;在控制的范围内严格控制,在鼓励的范围内给出税收优惠、利率优惠,增加贷款。这些只是形式。供给管理的核心目的,是激发企业和市场的活力;它是制度化的,不是政策化的。

总之,供给管理和最近党中央、国务院强调的一个事情有关:改革。释放改革红利,就是供给管理的要义。经济上的改革,最主要就是要划清政府和市场的界限,能由市场做的交给市场做。李克强总理说:要把错装在政府身上的手换成市场的手。说得很清楚了。所以供给管理的要求不是说进一步加强有些管理部门的职能。现在我发现有些部门一说供给管理很高兴:又该批了。供给管理又变成批文经济,那就失败了,比需求管理还坏。供给管理就是政府多做一些提供环境、提供标准的事情,少做一点自己直接当运动员的事情。

《债券》:谈到调控方式的转变,扩张性的货币政策并非中国所独有,当前主要经济体的央行都在“放水”,是否全球都面临政策调整的问题?

李扬:放眼全球,的确主要经济体都在进行需求管理:美国连续祭出量化宽松货币政策,利率连续多年在0~0.25%;欧元区原来是不放水的,随着欧债危机的恶化，不救助整个体系就崩溃，欧洲稳定机制实际上增加了欧央行的调控能力，使其有能力增加货币供给、有能力调低欧元区利率。日本安倍晋三高调出场，没上台时就说要搞负利率、搞正的通货膨胀，上台之后更是采取竞争性的日元贬值，以致其美国盟友都颇为不满。

然而，这些经济体存在的种种问题——以过高的消费率、过低的储蓄率和过滥的福利制度为特征的消费拉动型经济发展方式，以产业空心化和服务业过度发展为主要弊端的深层次结构扭曲，金融业过度放松管理和滥用金融创新形成的过高金融杠杆率，这些问题岂是简单地增加需求所能解决的？这些痼疾依然存在。

从全球视角看，刺激政策也已经走到末路。由于需求管理长期过度使用，其效率已然递减，恰似强弩之末。各国均实施需求扩张政策，极易引发国家和地区间的贸易战、货币战等恶性竞争。

这里不妨注意一下美国的情况。美国只要一有可能，马上把政府的权力放下去。危机中美联储做了非常多的事情，买了很多金融机构、非金融机构的债务、股份等资产以维稳；只要情况稍微好转，就立刻卖出，立刻让它回归市场。另外鼓励创新，强调结构调整、进行第三次工业革命等，都是供给管理方面的措施。

我觉得哪个国家比较清醒地看到这个趋势，并且采取切实可行的措施进行转变，哪个国家未来将会占得先机。

（本文原载于《债券》2013 年 5 月刊）

未来十年中国经济总量与结构变化趋势

——专访李雪松

《债券》:中国经济经过30余年的高速增长后,学界普遍认为目前已经进入相对的中速增长时期。今年二季度GDP增长率仅为7.5%,三季度的这一数据反弹至7.8%,您对于未来中国经济发展的总体变化趋势作何分析?

李雪松:国际金融危机发生之后,不少学者和机构趋于谨慎,认为未来十年中国经济年均增速将低于8%,但也有部分学者表达了对中国未来经济发展的乐观态度,认为中国未来几十年的增长速度仍能保持在8%左右。

不同学者和机构对中国经济中长期发展趋势的预测结果差别较大,尚未在中国中长期潜在经济增长率上达成共识。而未来十年是中国经济进一步扩大规模和调整结构的关键时期,在中长期的框架上,研究未来十年中国经济总量与结构的变化趋势,对整个中短期的宏观经济具有重大意义,可以回答“中国经济潜在增长水平到底如何”的问题。如果我国现在的经济增长低于或者高于这个潜在增长,那就是我国宏观经济政策调

李雪松时任中国社科院数量经济与技术经济研究所副所长。

整的依据之一。因此，我和本所的同事对这一课题进行了研究。

根据我们研究团队的分析，中国经济经历了30余年平均增速高达9.8%的高速增长时期，目前正在由“结构性增速”时期进入“结构性减速”时期。换言之，今年及今后一段时期，我国的经济增长将落在一个位于7.5%左右、较过去30年平均水平略低的平台上。尤其值得注意的是，从2012年便已开始的我国经济减速并非周期性的，更不是政策性的，而是经济发展的客观规律所决定的。这是一个发生在实体层面上的自然过程。

判断中国经济进入结构性减速时期，虽然听起来不那么令人振奋，但是，结构性减速为我国转变经济发展方式和调整经济结构提供了新的压力、动力和机遇。利用这一压力，抓住这一机遇，我国的经济运行将全面转移到尊重规律、重视质量、提高效益和可持续的轨道上来。

《债券》：预测未来中国经济变化趋势，离不开对宏观经济运行影响因素的深入分析，从中长期来看，您认为最主要的影响因素有哪些？这些因素分别会对宏观经济产生怎样的影响？

李雪松：从供需因素来看，影响宏观经济运行和增长的中长期因素主要来自供给方面，因为经济增长主要来自供给面的变化；需求面因素主要影响宏观经济的短期方面，但如果存在持续变化，需求也能够通过影响供给面从而最终影响经济的中长期发展。

影响宏观经济中长期的主要因素可以归结为七类，分别为：人口与劳动力增长率、FDI增长率、国际经济增长率、人民币汇率、城镇化率、研发投入增长率和财政性教育经费占GDP比率。

其中,人口与劳动力增长率对潜在经济增长的影响非常明显,劳动力结构的变化对储蓄率、投资和消费都有传导的路径;FDI 在中国投资中的比重越来越低,但是它对于技术进步影响的溢出效应还是比较大的,所以 FDI 增长的变化对于技术进步、生产率的变化有影响;国际经济的增长主要是对出口产生影响,如果在后金融危机时期国际经济持续低速增长,使得我国出口低速增长,这个影响通过出口会传导到我国制造业投资和制造业的资本总量,从而影响到长期经济增长;人民币汇率也是一样的,它对出口和制造业投资都有影响。目前在世界经济深度转入调整期的背景下,这几个因素对我国潜在经济增长都产生向下的拉动作用。

还有一些因素可能向上拉动经济增长。一是城镇化,城镇化很显然对于中西部地区投资和资本形成推动作用;二是研发投入和教育的投入,这两个因素有利于我国提高全要素生产率,有利于增强我国经济增长后劲。政府也在逐渐加大对它们的投资力度,在此背景下还存在很多资源配置的问题,需要进一步通过改革来提高资源配置的效益,使其对经济增长和全要素生产率的提高能够更好地发挥作用。后面这几个因素可能推动我国经济增长向上,可通过一些计量模型和方程把这些传导机制反映到对经济增长的影响上。

将上述 7 个因素作为主要外生变量,参考“十二五”(2011—2015 年)规划的目标、过去历史演变规律和当前国际经济变化的规律,可把这些变量从 2011 到 2025 年的变化分为乐观情景、基准情景和悲观情景。三种情景的设定方法是,首先根据“十二五”期间的基本变化及“十二五”规划的数据设定基本情景下这 7 个变量相应的数值,再据此设定乐观情景和悲观情景,对于“十三五”(2016—2020 年)和“十四五”(2021—2025 年)

期间外生变量的设定则是根据历史演变规律和当前国际经济背景变化进行的。

在这三种情景之下，考虑国内外多种影响潜在产出的因素及其传导机制，以“LS-LM 模型+菲利浦斯曲线”为理论核心，纳入了更多金融变量，运用中国社科院数量经济与技术经济研究所中国宏观经济年度模型，我们研究团队对中国经济未来十年的经济增长进行了进一步研究，并对不同情景下的中国经济走势做出预测，以期能够为勾勒未来中国经济增长的路径提供参考。

《债券》：根据这三种情景，可以对中国经济的潜在增长率做出哪些判断？

李雪松：中国经济季度增长从 2011 年第一季度起呈现下行态势，去年第三季度达到底部，第四季度反弹到 7.9%，但到今年一、二季度经济增长分别只有 7.7%和 7.5%，三季度反弹到 7.8%。目前中国经济增速不高，一是国际形势不好，二是中国经济增长的预期下调了。

尽管中国经济增长率呈现逐渐下降的趋势，但整体上中国经济仍然能够保持平稳、较快的发展态势。模型显示，在基准情景下，“十二五”“十三五”和“十四五”三个时期 GDP 年均增长率分别为 7.9%、7.1%和 6.4%。在乐观情景中，如果中国加强研发投入，提高产品附加值，促进制造业转型与升级，增强产品国际竞争力，并且进一步加大财政性教育经费在 GDP 中的比重，提高劳动者素质，稳步推进城镇化，那么中国在“十二五”“十三五”和“十四五”三个时期，也可能保持年均 8.2%、7.5%和6.9%的较快增长率。在悲观情景中，这三段时期的 GDP 年均增长率分别为

7.7%、6.7%和6.0%。综合考虑基准、乐观与悲观三种情景,2011—2025年中国经济的潜在增长区间为6.0%~8.2%。

《债券》:经济增长水平和人均收入密切相关。十八大报告提出,在2020年实现城乡居民的人均实际收入比2010年翻一番,根据上述分析框架,我国经济增长水平是否足够支持这一目标的实现?

李雪松:根据上述分析预测,同2010年相比,无论在何种情景下,2020年城乡居民的人均可支配收入都会翻番。但在悲观情景下,预测显示2020年时城镇居民可支配收入仅为2010年时的2.1倍,城镇居民要想达到十八大提出的翻一倍的目标还需努力。而预测显示在基准情景下农村居民2020年时的可支配收入会是2010年时的2.2倍,这与目前我国劳动力结构和工资的上升有较大关系。如果居民收入相对于GDP较高增长,所带来的问题是:如何在居民收入增长、政府收入增长和企业收入(利润)增长之间进行权衡?尽管政府的收入可以保持相对较低的增长,但如果企业收入增长过低,经济增长微观活力就受到抑制。因此从总体来看,企业收入应该保持适当增长水平,不能过低。政府、企业和居民三者收入的增长应当有合适的比例,任何一方都不能增长过快。

《债券》:刚刚重点讨论的是经济总量的变化趋势,请问您对未来十年中国经济结构的变化趋势有什么看法?

李雪松:对于构成总需求的各个方面,模型预测显示尽管未来固定资产投资的实际增长率会有所下降,仍会维持较高水平。因为尽管目前我国新增劳动力在减少,但到2025年前适龄劳动力仍会保持较高的水平,使得储蓄率也维持在相对较高水平。由于工资上升和社会保障制度的推行,最终消费的增长率在未来三个五年计划内会呈现逐渐上升的态势。从国际经验来看,国际贸易的实际增长率一般是实体经济增长率的2倍,有可能达到实体经济增长率的3倍,随着实体经济增长率的下降,我国未来的贸易增长率较金融危机之前的高水平会有较大下降。预计名义出口的增长率会保持在9%至10%的水平,在扣除价格因素后同GDP增长率相近。

在产业结构方面,未来十年会发生较大的变化。预测显示,2010至2020年间第一产业产值的GDP占比会下降不足3个百分点,相较于2000到2010年间的5个百分点会有所减缓;尽管第二产业比重在2000至2010年间保持了上升态势,但根据预测,2010至2020年间其比重会明显下降;而第三产业产值占GDP比重会在未来十年内加速上升。

在投资消费结构方面,尽管最终消费率在2000至2010年间明显下滑,但预测显示在2010到2020年间会有小幅的上升,从48%上升到50%;投资率在2010至2020年仍会维持较高水平,但相较于2000至2010年13个百分点的上升会大大下降。

《债券》:经过这样的发展,您认为中国经济在世界经济体中将达到什么样的地位?

李雪松:关于中国和国际经济,可以按照购买力评价法和汇率法来进行比较。如按购买力平价计算,中国的经济总量到2017年会超过美国,2018年超过欧盟,而人均GDP会在2018年达到世界平均水平,到2025年时达到欧盟的二分之一、美国的三分之一;如按汇率法测算,我国的经济总量到2025年时会达到美国和欧盟90%左右的水平,2030年之前有望达到美国和欧盟的水平,而人均GDP到2025年会达到欧盟的三分之一、美国的五分之一。

《债券》:根据您对未来中国经济总量及结构变化趋势的分析,您认为应该采用怎样的宏观调控来应对?

李雪松:为了适应国内经济增速放缓、国内劳动力和资源压力的变化,宏观政策思路需要进行一个大的调整,应将过去的需求管理为主转向供给与需求管理的紧密结合。

在需求管理方面,宏观调控政策应保持审慎灵活,把握好宏观调控的方向、力度和节奏,使经济运行处于合理区间,把握好促进经济增长、稳定物价和防范金融风险之间的平衡,稳中求进、稳中有为,对经济进行适当的微刺激,不搞大规模刺激,不刺激产能过剩行业。积极释放有效需求,推动居民消费升级,保持合理投资增长。

在供给管理方面,宏观经济政策要以提高经济增长质量和效益为中心,使经济增长与潜在增长率相协调,与生产要素的供给能力和资源环境的承受能力相适应,深化改革,减税放权,放松准入,创新驱动,化解制约中国长期发展和全要素生产率提高的深处制度因素,不断增强长期发展后劲,激发市场主体的活力。需要关注今年十八届三中全会提出的改革路线图和时间表。希望上述政策既有参照性,也能够平衡各方面利益,使改革释放中国经济增长的潜力,为长期经济增长提供动力和基础。

(本文原载于《债券》2013年10月刊)

经济回升难以延续　金融改革有望领衔

——专访姚炜

《债券》：经历了几个季度的持续下跌之后，三季度我国GDP数据出现明显回升。这种上升趋势能够继续保持下去么？您对未来经济发展趋势作何判断？

姚炜：三季度我国GDP同比增长7.8%，比二季度回升0.3个百分点，没有延续去年四季度以来的下行趋势，出现了一个比较强劲的复苏。但是对于我国经济的总体情况，我认为未来短期内的增长率很难一直延续上升势头。

当前我国经济的下行风险很大程度在于，受2008年经济刺激政策影响，我国实体经济的杠杆率增长较快，债务率处于较高水平，因此今后一段时期将不得不面临去杠杆的过程，这会放慢经济增长的步伐。而由于产能过剩、资产泡沫等因素，去杠杆过程中也蕴藏着一定的风险。

《债券》：您评判我国实体经济杠杆率增长较快的依据是什么？针对这种情况，您认为有哪些解决方案？

姚炜：依据人民银行等机构发布的数据，我们研究团队估算了中国非

姚炜时任法兴银行首席中国经济学家。

金融企业债务占 GDP 的比值,其中将地方政府平台债务也归于企业债。债务形式包括了银行贷款、债券融资以及其他形式的信贷负担,如信托贷款、委托贷款、银行承兑汇票、境外融资和民间借贷等。我们发现,这一比值已经从 2008 年的 150%提高到了现在的 210%。虽然美国、欧洲等发达经济体这一数据可以达到 300%,相比而言中国的数据并不算高,但可以看出债务增速是比较快的。

从债务质量来看,银监会在全国银行业监督管理工作会议上公布,2013 年上半年中国银行业不良贷款率为 0.96%。我认为,如考虑到产能过剩、中小城市房地产泡沫等因素的负面影响,潜在不良贷款率高于这一数据。

为了解决规模增长较快的债务问题,我们观察到当前正在采取三组齐头并进的策略:一是采取措施放慢信贷增长,让债务风险的累积速度放慢;二是使用新的金融工具,将不良资产中风险较低的部分进行展期,帮助银行转移压力;三是撇除风险较高的不良资产,为新的借贷释放空间。

放慢信贷增长,意味着去杠杆。要在信贷增速下降的同时把经济增速提上去是非常困难的,这不仅需要提高经济效益,同时还需要很多结构性的改革。

再来看撇除不良资产。1999 年,我国成立四大资产管理公司来剥离处理四大国有银行的不良资产。但未来随着资产管理公司逐渐进行海外上市,银行的坏账处理将很难延续以往的方式,势必需要更多的折价。同时,伴随利率市场化进程的推进,以往银行获得垄断性高额利润的时代一去不返,银行赚钱会比以前更难,因此依靠银行盈利来消化不良资产的可能性也在减弱。这也许会让资产证券化等金融市场改革步伐加速,从而减轻银行业独立承担的压力。但对于宏观经济而言,很难做到处理不良资产和保持经济增速两者兼顾。

《债券》：在当前复杂多变的经济环境中，伴随着利率市场化的进程，您认为我国金融市场面临的主要挑战是什么？

姚炜：中国的金融市场所面临的一个相当大的问题，就是资产价格应该怎么评估。到目前为止，中国金融市场没有出现任何违约事件，诸多发债企业受到政府的隐性担保。在这种情况下，资产价格很可能是高估的。中国整体的金融改革方向是使得风险得到更合理的评估，资产由市场价格决定。在这个过程中，由当前受到政府信用隐性担保这样一种貌似没有风险的状态，将发展到连存款都不是百分之百安全的状态，这是一种质的转变。

我国个人预计，在未来的12个月可能会出现债券市场的违约；未来由地方政府做担保以平息债券违约的情况，也将越来越少。对于投资者而言，这一过程蕴藏着较大风险。

《债券》：李克强总理曾多次指出，"改革是最大的红利"，您对未来改革的进程与步骤是如何预期的？

姚炜：未来经济发展的着力点在于改革。预计金融改革将是最快的，其次是服务业改革，再次是财政改革、土地改革和户籍制度改革。

中国私人企业融资成本较高，而国有企业因为具有政府的隐性担保，能够相对轻松地获得贷款。如果企业能否获得贷款取决于其盈利能力，那么金融市场配置的效益就会提升。金融改革的方向就是建立显性的担保机制，而非由政府提供的隐性担保机制，比如有望推出的存款保险制度，就是向这方面发展的一个具体措施。

服务业的开放和国有企业改革释放很多积极信号，未来服务业的开放将按照行业和产业逐步开放，而国有企业改革也需要降低行业进入壁垒。如银行业,未来民营企业有望成立银行,民营企业还可能进入电信行业等领域。

财政改革的难度比较大,问题是“财政收入怎么支配,财政支出由谁来负担?”预计土地改革或将限制在局部进行试点,这是对地方政府财政有较大影响的改革。而户籍制度改革只是一个框架,背后需要解决的两大问题是土地和财政,如果土地和财政问题解决了,户籍制度改革自然就水到渠成,户籍对中国经济最大的限制是当一个农民工进入城市,他能否得到同样的社会保障,这对于城镇化十分重要。

《债券》:能否请您对今年及明年宏观经济的重要指标做一个分析和预测?

姚炜:预计2014年GDP增速将放缓至7%左右,去杠杆和结构调整是主要原因。影子银行去杠杆,地方债务增速受到限制,以及政府加快清理过剩产能,将导致固定资产投资增速逐季度减速。而这样的减速,其实有益于经济长期稳定的发展。通胀方面,预计2014年CPI增速维持在3%左右,今年较快的货币增速将对明年通胀水平构成一定上行压力;2014年PPI则会因上游产业产能过剩、利润收窄继续负增长,但跌幅较今年有所收窄。

总体而言,中国经济增长将呈现结构性下行,但硬着陆风险仍然可控。

(本文原载于《债券》2013年11月刊)

下篇/金融与债券市场

JINRONG YU
ZHAIQUAN SHICHANG

我国金融改革中自下而上的组成部分

周小川

感谢国际金融论坛（IFF）邀请我参加讨论。我今天讲的题目是“我国金融改革中自下而上的组成部分”。在中国的金融改革中，既有自上而下的改革，同时也有自下而上的组成部分，今天我讨论一下这个组成部分。

一、自上而下和自下而上两种改革方式并存、互补

这次全球金融危机后，全球经济要实现强劲、平衡、可持续的增长，面临着一系列的挑战。应对这些挑战，很大程度上取决于相关各项改革的进程，以及推进改革的决心。

需要在哪些领域推进改革呢？很多人都比较注意观察那些由中央作出强劲决策并推行的改革决策，比如近年来我们所看到的一些金融改革，如大型商业银行改革，汇率、利率改革，以及为应对危机而采取的相关改革。这些改革的确是由党中央、国务院决策，自上而下地部署和推动的。但就中国整个改革的策略来讲，应该看到，改革既有自上而下的，也有自

本文为作者在2012年国际金融论坛上的讲话。作者时任中国人民银行行长。

下而上的,也就是通过试点,取得经验,完善方案并加以推广的方式。两年前,我曾提到这个题目,建议大家关注一些领域自下而上的改革,从而对整个改革有一个更具全局性的看法[1]。其中,也包括金融改革。

多数人都认为,一般情况下金融改革只能采取自上而下的方式进行,因为金融市场是一个流动性很强、非常活跃的市场,如果在某一个局部——不管是局部的地方或者局部的产品进行改革,改革的外溢性(spill-over)会很强。改革的初衷可能是想限定在一定范围内进行试点,但实际效果是往往管不住,从而会对邻居产生正的或负的影响。限于局部范围的试点改革可能还会导致不公平竞争。也就是说,金融本来是垂直管理、"全国一盘棋"的,但如果有的地方享受某种改革政策,有的地方不享受,或者享受另外一种改革政策,这样就会在金融资源配置上产生不公平问题。总之,外溢性可能较大,不易控制,也影响对改革效果的观察和评估。

从我国改革的实际进程看,金融领域自上而下和自下而上的改革确实都存在。除了大家比较熟悉的自上而下的改革,应该说,自下而上的改革也比较多,地方和基层的改革积极性很高,很多地方政府、城市政府,以及一些机构都积极要求进行改革试点。其中一个原因,就是其普遍认识到,只有通过改革,才能巩固地方的经济社会发展,推动本地的各种创新,维护本地的社会稳定。这一点跟有些东欧国家不太一样,在一些东欧国家,出现一个词汇,叫做"改革疲劳症",人们对改革失去了热心和动力。而在中国,各个方面普遍呈现出比较强的改革热情,不断有基层提出来,希望上级政府或有关部门能批准其进行改革试点;而且在用词上,经常强调"综合试点改革",希望得到较全面的政策支持。

为什么在中国这种现象比较多,在其他一些国家特别是小一点的国家则较少见？我个人分析，主要原因是中国这么大且不平衡、各地情况比较复杂，在推进改革的过程中，一方面，国际上很难提供成熟的经验；另一方面，国家内部很不平衡，城市和农村，东部和西部，工业、农业和服务业发展非常不平衡。另外，有些改革可能造成的影响很大，决策层不容易下决心。因此，改革往往从小范围开始，而且要强调改革是一种允许"试错"的过程，可以先试点，如果发现有问题，吸取经验教训，有些措施可以取消，有些措施可予修正，体现为一个不断探索的过程。

现在回顾起来，中国改革其实就是这么逐步推进的。例如，早期改革时批准了深圳、珠海、汕头、厦门四个经济特区，应该说外溢效应、不平等竞争等问题也都存在，与关贸总协定的原则也有冲突。但对于一个大国而言，为了推进改革，在统一部署、全面推进有困难的情况下，充分考虑并权衡上述正、反两个方面的优缺点，有选择地允许一部分地方开展试点，允许创新并积累经验，以此再调动各方对改革给予支持，不失为一种可行的选择。

这么做还有一个好处，就是保护和支持了基层改革的积极性。不管是地方还是企业，它们有改革创新的动力，应该允许它们去考虑如何进行改革，让它们尝试，这也是一个"试错"的过程，如果错了，就予以纠正或者取消。

此外，改革也是个学习的过程。一开始即便是自认为设计周密的改革，在具体实施时也会发现，设计方案总会有一些缺陷。在试点过程中，就得到了学习和认知的积累。这样，以后就能知道如何更好地去设计、推动下一步以及其他领域的改革。

还有争议认为，改革先要立法，只有先立规矩，才能按照新的规则更好地推进改革。但问题是,还没有开始做,怎么知道该如何去立规则呢?有人提出可以借鉴国际经验。的确,在某些领域,我们可以从国际上借鉴相关的规则经验,甚至可以"抄"一部类似的法律。但在另一些领域,也许就不可行,中国这么大,内部发展这么不平衡,而且还是一个转轨经济体,很难确保从国外借鉴的法律真正适用。这就存在一个改革立法与改革实践的关系问题,也存在自上而下还是自下而上的路径选择问题。

二、几个典型的地方金融改革

自上而下的金融改革,大家了解得相对更多一些,近年来,也有若干很重要的领域在推动自下而上的改革,我在这里简要介绍一下。

一是上海建设国际金融中心的试点,以国际化和完善金融市场体系为重点。现阶段,中国不大可能同时建成多个国际金融中心,能集中精力把上海国际金融中心建设好就不错了。因此,我们率先允许在上海建设各种类型的金融市场,从股票、期货市场,到金融衍生品市场、黄金币场、外汇市场、债券市场等,银行间拆借市场及其清算所也设在上海,还有一个可算作也可不算作金融市场的钻石市场,等等。可以说,上海集中了国内主要的各类金融市场。尤其是在 2009 年国务院出台《国务院关于推进上海加快发展现代服务业和先进制造业建设国际金融中心和国际航运中心的意见》后,应该说上海的改革发展进一步加快了,上海在国际化方面的发展状况、在开放政策上的宽容度等方面步子迈得更大了。在金融改革发展方面,上海也进行了大胆创新和有益的探索。近年来,大家讨论比较多的人民币跨境使用试点也是首先选择从上海等四个城市开始的。总体看,目前在金融产品的创新、交易、定价、清算等若干领域,上海正在积极迈向国际金融中心的角色。

二是在珠三角、深圳前海地区开展的以金融对外开放和粤港澳金融合作为重点的改革试点。2012 年 6 月，改革试点已经国务院同意并发布。在改革试验区，对外开放方面的政策会走得更快一些。珠三角地区的改革开始得一直比较早，如很早就允许人民币、港币可更加灵活地存取，当地一些 ATM 机都有两个抽屉，客户可以取人民币，也可以取港币。当前的改革试点则将在金融发展方面给予更多的试点政策，主要内容包括：推进城市金融改革创新综合试验，实现金融一体化发展，推动粤港澳金融更紧密合作；深圳前海以我国金融业对外开放试验示范窗口建设为核心加快金融改革，重点探索在前海开展人民币双向贷款等试点。

三是在天津滨海新区开发开放中推出的以完善现代金融服务体系和金融改革创新为要点的试点。这是一个在北方城市开展的试点，于 2008 年 3 月由国务院批准实施，主要目标是支持天津滨海新区创建与社会主义市场经济体制相适应的现代金融服务体系。主要内容包括：开展金融业综合经营试点，增强金融企业服务功能；创新和完善金融机构体系；改革外汇管理制度；积极支持在天津滨海新区设立全国性非上市公众公司股权交易市场；优化金融环境等。

四是在重庆推出的为统筹城乡发展而扩大金融服务的试点，推动建设长江上游区域性金融中心。这项改革由国务院于 2009 年 1 月发文实施，其内容包括：推进金融体制改革，健全金融市场体系，改善城乡金融服务；加快发展多层次的资本市场；探索发行用于市政基础建设的项目收益债券；设立保险业创新发展试验区；开展外汇管理体制改革试点；建立现代农村金融制度，大力推进农村金融产品和服务创新。这项改革的一个特点是促进城乡统筹，或者叫统筹城乡一体化，也就是重庆作为一个直辖市,不仅要推动辖内城区的发展,还要带动周边农村地区的协调发展,是金融业与比较快的进程相配合的一项改革。

五是海峡西岸和平潭地区两岸金融合作的试点,建设两岸区域性金融服务中心。这项改革也是由国务院于2009年批准实施,金融改革试点的主要考虑是,大陆和台湾两地经济金融联系日益紧密,人员和业务往来非常活跃,而且还有很大的发展空间,也需要积累经验。因此,在福建平潭这个两岸距离最近的地区开展一些特殊政策试点,主要是着眼于推动对台离岸金融业务,拓展台湾金融资本进入海峡西岸经济区的渠道和形式,建立两岸区域性金融服务中心;进一步扩大两岸货币双向兑换范围,逐步建立两岸货币清算机制。同时,还考虑在平潭设立两岸合作的海关特殊监管区域,探索在金融机构、货币兑换、证券业务、产权交易等方面对台开放。

六是湖南着力于支持长株潭城市群的金融服务创新综合试点,包括征信和支付结算等金融创新。这一改革试点已由湖南省政府上报国务院,媒体上称为“长株潭城市群金融改革”,主要是在湖南长沙、株洲和湘潭三个距离很近的城市,在节能减排、生态环保、产业升级、智力支持和统筹城乡等领域,积极探索建立服务绿色发展模式、服务生态社会和经济协调可持续发展、服务现代产业体系、服务科技创新和人才管理、服务城乡一体化发展的五大金融支撑体系。

七是在新疆开展的以提升边疆和民族地区金融服务水平为重点、支持跨越式发展的金融改革试点。这项改革要体现对中亚地区特别是上合组织国家的开放政策,形成带有西部特色的开放型发展战略。中国在沿海对外开放方面取得了不少成绩,但是在西部内陆地区,对外开放和发展还有很大的潜力，需要研究探索如何在西部边疆地区促进对外开放。为此，我国还设立了两个新的特区，即霍尔果斯特区和喀什特区，借助早期沿海经济四个特区的经验，推动新疆地区在对外开放上取得进展。金融方面，2009年全国第一个开展跨境直接投资的人民币结算试点是从新疆开始的。按照试点政策，当地不仅可以在人民币跨境使用方面比其他地区走在前头，在开展跨境直接投资、境外项目人民币贷款、结算上清除了政策障碍。此外，还为新疆地区的企业在银行间市场开通优先发债等开辟了“绿色通道”；对新疆边贸企业旅购代理出口采取不收汇核销的特殊政策，等等，以更好地促进当地的经济发展。

八是浙江温州推进的金融综合改革试点，以发展民营金融、改进中小企业金融服务等为要点建设金融综合改革试验区。这一改革试点在前一段时期报道比较多，有正面的，也有负面的。这项改革试点是在2012年3月由国务院决定的，2012年7月，人民银行牵头相关部门联合印发了《浙江省温州市金融综合改革试验区总体方案》。改革的主要内容是，引导民间融资阳光化和规范化，改进中小企业金融服务水平，促进民营金融机构的发展，积极探索完善金融市场结构和优化金融竞争格局。目前媒体关注的焦点是，如何放宽民营资本发起设立金融服务类机构和开展个人境外直接投资等问题。温州金融改革试点的一个特殊性在于，改革正好是温州对欧出口遇到困难的时候起步的，因此改革不仅是为了改变现有体制机制，而且还被寄希望于帮助地方解决一些困难。温州对欧洲的出口数量很大，在欧洲主权债务危机爆发后，出口受到重创，导致经济不景气，加上其他一些因素，温州经济出了一些问题。金融改革试点能不能帮助温州克服这些困难呢？恐怕不会这么立竿见影。一方面，金融改革作用于经济增长有个过程；另一方面，经济调整和复苏也有个过程，要触底后再逐步反弹。2012 年 3 月底启动温州金融改革时特别强调，要适度放宽金融业存在的管制，鼓励进一步健全金融组织形式，创新金融产品和发展金融市场，支持民营经济，支持中小微企业，特别要注重服务实体经济，希望通过温州试点为全国创造经验。

第九项试点是福建泉州建设综合改革试验区，探索金融服务实体经济的新途径、新模式。这项改革是国务院新批准的，近期将公布具体的改革试点方案。近年来，我国特别强调金融业要为实体经济服务，但当前条件下金融如何更好地服务好实体经济，需要有一些创新。在这方面，福建泉州走在了前面，有一些设想，先开展局部试点，并观察效果，希望它搞好。改革试点的主要内容是，建立健全服务实体经济的多元化金融组织体系、加大对中小微企业的金融支持力度、提升农村金融服务能力、加强泉台港澳侨金融合作、规范发展民间融资和完善金融风险防范机制。在泉州开展试点还有一个优势，就是泉州与香港、澳门和台湾地区距离均比较近。

第十项是在浙江丽水推进的以农村信用体系建设为核心的农村金融改革试点。人民银行与浙江省人民政府于 2012 年 4 月联合在丽水开展以农村信用体系建设和林权抵押贷款为要点的农村金融改革试点，这方面已经取得了不少好的成绩，特别是在林权抵押贷款、农村信用体系建设和银行卡助农取款服务等方面取得了进展。

三、其他领域自下而上的金融改革

除了上述地方性局部改革为代表的自下而上改革试点，还有一些是从局部的金融产品或组织形式开始推行的试点改革，比如前面提到的人民币跨境使用的改革试点,外汇管理服务于贸易投资便利化方面的改革试点,金融支持“三农”方面的改革试点,以及比较具体的农业银行推行“三农”事业部改革试点,等等。

从上面的介绍可以看出,自下而上的改革的一个特点是,种类、名目繁多,各式各样、精彩纷呈。应该说,这也正是自下而上改革的一个优点。世界银行和国际货币基金组织有个词,叫“包容性发展”,我想这个词也可以用于我们自下而上的改革试点。对此,也有人抱怨,认为这样的改革无非就是看地方、部门谁先向中央要政策,要到了就名之为“改革试点”,实际上只不过先行一步罢了,这些政策迟早也会推广、运用到全国。我不这么看,实际上改革试点并不是单纯的政策优惠,也不是多数能最终得以推广实施。只不过大家容易记住的,是那些成功的改革例子,也有不少改革试点在实践中发现有问题,或者得到了纠正,或者就被放弃了,而这些改革试点容易被人们忽略和遗忘。

一个典型的例子是农村信用社改革。农村信用社改革早在 2000 年 8 月就开始在江苏省试点,2003 年重新设计方案在 8 个省试点,2006 年 10 月进一步扩大到 29 个省,到 2007 年 8 月,海南省最后一个实施,至此实现了全国范围内的这一轮农村信用社改革。但现在人们已经遗忘的是,在江苏最早进行改革试点的时候,最初设计的财务方案不太成功,那个方案当然也解决了一些问题,但无法在根本上取得成效,农信社的财务仍不可持续,其推广能获得成功的可能性甚小。为此,在总结经验的基础上又花了很大的工夫修正方案,再按新方案开始试点。可见,改革试点总有不断试错、自我学习、取得经验并不断修正的过程。

可以预见,在今后我国各领域的改革中,自下而上的改革仍然会比较常见。在金融领域,目前还有一些地方在向国务院提出试点改革的要求,比如海南省希望在金融支持国际旅游岛发展方面有一些试点政策,云南省希望在建设面向西南和大湄公河区域开放的桥头堡方面进行试点改革。从金融产品的角度看也是如此,从早期的网上银行试点,到近期的金融 IC 卡推广、第三方支付业务创新,以及现在致力于发展手机支付等,新的改革试点要求也层出不穷。

党的十八大已胜利闭幕,明年初新一届政府也将成立。无疑,换届之后,党中央、国务院仍将一如既往地重视改革的总体设计,推动某些自上而下的重大改革;同时也会充分认识和强调中国是一个大国,有些领域需要继续沿用我们过去所尝试的做法,就是鼓励地方发挥改革积极性、允许试点、鼓励创新,由此积累经验,并把好的经验逐渐推广。

今天我借国际金融论坛这个机会,介绍一下若干金融政策试点的情况,看起来似乎比较零碎,国际上可能不太引起重视。但我想说,这是中国改革的一个重要组成部分。希望大家给予重视,并予以讨论,这有助于改革在各种评判的基础上,得以更顺利地推进,并提供更多的经验。

注:

1.2010 年 11 月 20 日,周小川行长在中国经济学家年度论坛暨中国经济理论创新奖颁奖典礼上就"整体改革论"作了演讲,其中特别强调,"整体改革结合了自上而下和自下而上的两种推动方式"。

(本文原载于《债券》2012 年 12 月刊)

落实科学发展观 推动债券市场创新发展

——专访刘士余

《中国债券》:为什么要发展债券市场?

刘士余:债券市场是资本市场的重要组成部分,是企业直接融资的重要渠道,也是机构投资者进行投资、资产匹配和风险管理的重要平台。债券作为固定收益产品不同于一般的金融产品。与银行贷款相比,债券融资涉及的层面很广,不仅包括债务人(发行人)和债权人(投资人)双方还包括承销商、律师、会计师、信用评级等众多中介机构。发行人通过债券市场融资,将自身的经营和财务状况予以披露,评级机构从第三方的角度对发行人的资信进行独立判断,这些都起到了充分揭示风险的作用,而债券市场投资人不仅包括商业银行,还包括保险公司、基金以及企业法人等,这些投资者自主进行投资风险判断,客观上能够分散投资风险。债券市场的发展程度是一个国家金融市场发展程度的重要标志,成熟的债券市场在股票市场出现大幅波动时,能够发挥稳定器的作用。

正因为如此,社会各界对于发展债券市场早已达成共识。党中央、国

刘士余时任中国人民银行副行长。

务院也高度重视债券市场发展,根据经济金融的发展情况,多次提出要加快债券市场发展。从我国的国情出发,发展债券市场还有两个深层次的原因。一个是关于金融稳定的问题。长期以来,我国金融体系发展不平衡,直接融资比例过低。在直接融资中,债券融资、特别是公司债券规模过小,滞后于其他市场的发展。直接融资不发达,企业过度依赖银行间接融资造成银行风险的逐步积累,影响金融体系的稳定。另一个是关于市场功能问题。目前,我国债券市场以企业信用为基础的产品仍然很少,国债和主权级债券占据了主导地位,债券市场为企业融资服务的功能得不到有效发挥,这就客观上要求大力发展债券市场特别是公司债券市场。

《中国债券》:我国债券市场发展的总体情况如何?近几年银行间债券市场的发展及在国民经济发展和宏观调控中的地位和作用如何?

刘士余:债券市场是金融市场体系的重要组成部分。近年来,为了发挥债券市场的作用,人民银行等有关部门密切协作,积极采取措施,推动债券市场发展。目前,我国债券市场的广度和深度不断拓展,市场运行机制已基本建立,各类产品和交易工具不断丰富,基础设施建设不断完善,债券市场已经成为各类市场主体进行投融资活动的重要平台。我国债券市场已经形成了以场外市场为主、场内市场为辅,银行间债券市场和交易所债券市场分工合作、相互补充、互通互联的市场体系。其中,银行间债券市场是机构投资者进行大宗批发交易的场外市场,交易双方采用询价方式、逐笔成交。近年来,人民银行和有关部门密切协作、形成合力,在推动债券市场发展、促进场外市场和场内市场互联互通等方面做了大量工作。

对于银行间债券市场的快速发展以及取得的成绩，市场各方有目共睹。近年来，我们以产品创新为重点，在不断推出各类债券融资产品和交易工具的同时，注重加强市场制度建设和基础设施建设，完善市场运行机制。大力培育各类机构投资者。在市场各方的积极努力和参与下，银行间债券市场的广度、深度不断拓展，交易量大幅增加，市场规模不断扩大，已成为我国债券市场最重要的部分。2007 年，银行间债券市场现券、回购累计成立 62.88 万亿元，占我国债券市场交易量的 96.9%；2007 年末债券托管额达 11.97 万亿元，占全部债券托管量的 97.08%。2007 年末市场参与主体近 7100 家，比 2000 年增长了近 22 倍。总结银行间债券市场之所以能够快速发展的原因，可以概括为以下几个方面：一是社会各界对发展债券市场的认识高度统一，为债券市场发展创造了非常难得的良好机遇。政府相关部门顺应市场发展的客观要求，采取多项措施推动金融市场快速发展。二是经济发展和金融改革客观上需要债券市场，市场主体积极参与创新成为市场发展的内在动力。三是银行间债券市场的发展模式体现了科学发展观的要求，制度设计合理是银行间市场规范运行的保障。四是相关部门密切协作、通力合作，为银行间市场提供了良好的政策环境。

银行间债券市场在我国国民经济发展和宏观调控中的作用举足轻重。主要体现在以下几个方面：

第一，银行间债券市场已经成为货币政策与财政政策的重要平台，中央银行进行公开市场操作、发行央行票据对冲流动性以及财政发行国债都是借助于银行间债券市场进行操作。2007 年，人民银行发行了 40390 亿元票据，财政部除了发行 7980 亿元国债外，还发行了 15500 亿元特别国债。在当前国内国际经济愈加复杂多变的形势下,我国宏观调控措施的实施更加离不开银行间市场的支持。

第二银行间债券市场已经成为优化资源配置、推动国民经济又好又快发展的重要渠道,各类融资性产品的推出,特别是企业短期融资券、财务公司债券等都直接扩大了企业的直接融资。2007 年发行短期融资券 3349 亿元,有效地支持了民营企业和中小企业的发展。近两年,我们又先后在政策和操作层面做了大量工作,将其他主管部门批准的公司债券引入银行间债券市场,目前 74%的企业债券都在银行间市场交易流通。

第三,银行间债券市场在为市场主体进行资产负债管理方面发挥了重要作用。近几年推出的各类金融债券产品和资产证券化为商业银行进行资产负债结构调整提供了多样化的选择,也为商业银行成功进行股份制改革奠定了基础。在我国商业银行由传统的经营方式向现代银行转变的过程中,我们陆续推出的次级债券和混合资本债券成为商业银行补充资本的重要渠道,允许商业银行发行一般性金融债券,又为商业银行进行主动负债管理提供了重要工具、二级市场做交易等,开拓了新的业务领域和利润增长渠道。

第四,银行间债券市场成为主体进行各类债券交易的最主要的场所。创新债券交易工具,推出债券买断式回购、远期交易以及债券借贷业务,为市场主体提供了新的投资盈利模式和风险规避手段。

《中国债券》:能否谈谈人民银行在推动债券市场发展,尤其是银行间债券市场发展的思路?这些思路的出发点基于什么?

刘士余:贯彻和落实科学发展观,是人民银行推动债券市场发展的出发点。科学发展观是以胡锦涛同志为总书记的党中央坚持以邓小平理论和“三个代表”重要思想为指导、认真总结我国发展实践的基础上提出的重大战略思想。落实科学发展观,推动债券市场发展。需要处理好创新、发展、规范和协调几个方面之间的关系。可以说,这几个方面相辅相成,是辩证统一的关系。我把它们简单概括为以下几句话:创新是原动,创新促进发展;发展是硬道理,是第一要义;规范是创新和发展的基础和保障;协调是金融市场健康可持续发展的内在要求。

围绕着落实科学发展观,人民银行从发展社会主义市场经济的内在客观要求出发,依靠市场主体的积极性和创造性,按照场外市场的模式推动银行间市场发展,以创新促发展,坚持创新力度、发展速度和市场承受度的有机统一,规范市场机制和市场主体的行为,促进债券市场全面协调可持续发展。具体体现在以下几个方面:

(一)大力推动金融产品创新

银行间债券市场着力服务于金融改革、扩大直接融资和提高市场功能,不断推动金融产品创新。在继续推动发展企业债、公司债、企业短期融资券的基础上,积极发展以企业资产为支持的结构化产品。研究开发不同金融机构新的负债及资产管理工具,重点研发商业银行与信托公司、金融租赁公司业务结合的信托产品、租赁产品。积极探索利用市场化的方式解决民生问题,利用金融市场的立易定价功能和市场手段,有效促进节能减排工作的开展。据银行间市场交易商协会反映,市场主体要求创新以作业信用为基础的直接融资产品的呼声很高,如中期票据(MTN),对于市场主体自主研发、市场需求大的创新产品,我们都会积极支持。

(二)不断加强制度建设,完善运行机制

培育和发展投资者自主投资、风险自担的市场环境,明确政府部门和市场主体的各自职责,规范市场秩序。政府管理部门要放弃保姆式的管理方式,逐步把重心放在规范程序、信息披露、公平交易秩序等方面,着重建立市场约束机制,充分发挥信息披露与信用评级的作用。加强与相关政府部门和管理机构的协调,推动解决在金融市场发展和金融产品创新中遇到的法律、会计、审计、税收等方面的制度问题。

(三)加强基础设施建设

基础设施是债券市场发展的技术支持和保障。要进一步完善银行间市场的发行、立易和结算制度。充分利用现代电子信息技术的发展成果,不断改进债券交易平台,开发各类交易方式和交易支持技术,满足日益增长的各类投资人的需要。进一步完善保障市场交易的后台体制,尽快出台有关规范债券登记托管和结算的制度文件,明确证券托管、结算及投资人等市场参与各方的权利义务,规范市场托管结算行为。研究引进成熟市场普遍运行的清算制度,提高市场结算效率,有效降低和控制结算风险。

(四)培育合格机构投资者

大力发展机构投资者能够有效抑制金融市场的非理性波动,有利于构建金融市场健康发展的"稳定器"。随着金融创新力度的加大,金融市场产品日益多样化、复杂化,对投资者专业技能、风险识别和承担能力等具有较高的要求。目前,人民银行正在抓紧继续扩大机构投资者队伍,加快证券投资基金、社会保障基金、企业年金等机构投资者进入银行间市场的进程,积极推动和引入信托产品、理财产品等各类非法人投资集合作资金,多种方式促进投资主体多元化。

(五)推动债券市场对外开放

过一步加大国际开发机构在境内发行人民币债券的力度,推动境内金融机构赴香港发行人民币债券业务的继续开展，发展合格境外机构投资者队伍，扩大其投资规模和投资范围。

（六）强化场外市场自律建设

2007年9月，中国银行间市场交易商协会成立，标志着我国债券市场自律管理进入了新阶段。人民银行将积极支持交易商协会发挥自律组织的作用，凡是协会按会员需求开发的、适合有定价能力、风险识别能力和承受能力的机构投资者交易的产品，在银行间市场均实行协会注册、监管机构备案的管理模式，不再实行行政审批制。

当前，我国已经成立了若干个市场自律组织，但是如何保障自律组织有效发挥作用而不是演变为行政主管部门的附庸，是不容忽视的问题。依靠自律组织发挥市场自律的作用，首先要改变行政主管部门管理市场的方式，行政部门要跳出部门利益，从有利于市场发展的大局出发，提高监管的透明度，让市场在阳光下运行。其次，要发挥中介服务机构的作用，中介机构要不断提高自身执业水平和公信力，要真正发挥信息披露和信用评级等市场约束与激励机制的作用。第三，要通过市场自律组织，充分发挥市场主体在金融市场发展和创新中的积极作用，为金融市场发展营造良好的运行环境。

《中国债券》：美国次贷危机的负面影响正逐步扩大，这对中国债券市场有何影响？应采取什么风险防范措施？今后我们在发展住房抵押支持证券（MBS）中应注意什么？

刘士余：近期，美国次贷危机引发了美国乃至全球的金融市场动荡、考虑到我国金融市场的对外开放时间较短、程度不高，相应债券市场的国际化程度也较低,因此,短时间内受到美国次贷危机直接冲击的可能性较小。不过我们也不能掉以轻心,因为美国经济在全球经济中举足轻重,中美之间的经济金融联系又日益紧密,在较长时期内这一危机可能会通过中美贸易、资本流动等渠道对我国经济和金融运行产生一定影响。

回顾世界经济发展历史,经济金融危机的出现已成为一种常态,只不过历时长短、影响大小各有不同,其实危机并不可怕,关键看是否对危机采取了正确的应对方式,这次美国次贷危机,问题主要出在基础产品上,目前一些人在分析这次危机发生的原因时,将其简单归因于资产证券化和金融衍生产品的发展,认为产品越多越复杂,麻烦和风险就越大。这种分析是过于简单和片面的。应该认识到,出现这次危机的原因是非常复杂的,这中间既有相关信息披露准则不完善、定价机制不合理的因素,也有机制设计存在缺陷、导致出现道德风险等因素,还有监管不到位、信用评级等中介机构未发挥应有作用等原因,而不是因为证券化本身不好,或者衍生产品不好。国内外实践也证明,资产证券化以及信用衍生产品等金融创新在分散过度集中于银行体系的信用风险等方面发挥了积极作用。债券市场越具有深度和广度,其金融资源配置、风险定价与转移的功能就越能得到充分发挥。目前,总体来看,我们的债券产品还是比较单一,以企业用为基础的债券产品仍然偏少。因此,我们不能因噎废食,而是仍要推动各类金融产品创新,大力拓宽直接融资渠道。“前事不忘,后事之师”,我们应该从美国次贷危机中充分吸取教训,完善落实市场监管机制,避免出现制度性漏洞与系统性风险,时刻保持警觉,提高应对各种危机的灵活性与适应性,维护金融稳定与安全。

《中国债券》:您对《中国债券》杂志有什么期望?

刘士余:近年来,社会各界对债券市场的关注与研究逐渐广泛和深入,《中国债券》杂志的创刊就是一个新的重要体现。我衷心希望《中国债券》能够充分发挥自身优势,成为普及债券知识、介绍债券前沿理论、交流国内外债券市场发展经验的平台。祝愿《中国债券》成为广大读者的良师益友!

(本文原载于《中国债券》2008 年 3 月刊)

高收益债券：国际经验和中国思考[1]

张健华　纪敏　杨金梅

高收益债券(High-yield Bond)又称非投资级债券(Non-investment grade bond)或垃圾债券(Junk bond),是指主要由非金融企业发行,不具有信用评级或信用评级在BBB以下的非投资级债券[2]。这类债券具有较高的违约风险,但能支付比高信用债券更高的收益,从而吸引投资者。

高收益债券的发展历程

(一)美国

高收益债券起源于美国,在上世纪二三十年代就已经存在,最初仅是由小型公司为开拓业务、筹集资金而发行。由于高收益债券的信用等级很低(甚至无信用评级),所以当时问津者较少。

20世纪70年代,迈克·米尔肯和其所在的兰伯特公司发现了高收益债券的投资机会,将其与杠杆收购联系在一起,为资金不足或是想从高财

本文作者张健华时任中国人民银行研究局局长;纪敏时任中国人民银行研究局宏观处处长;杨金梅,中国人民银行金融研究所。

务杠杆中获益的收购方提供融资，高收益债券一时风靡美国。1987 年美国股灾和 1989 年经济衰退对高收益债券产生了较大冲击，其违约率呈现显著上升，发行量急剧萎缩。

此后，伴随美国经济走稳，高收益债券违约率明显下降，发行量重新上升。2000—2002 年 IT 泡沫破灭，美国经济再次进入衰退，高收益债券市场也受到明显影响，违约率上升，发行量萎缩，但市场存量仍保持稳步增长。

（二）欧洲

欧洲高收益债券是 1999 年之后才开始出现的，主要受益于欧洲货币的统一和经济的整合，以及相对较低的违约率和利率水平。同时，欧元区内也有大量低于投资级信用的企业，具有发行高收益债券的内在需求。到 2005 年，欧洲高收益债券发行量达到 260 亿欧元[3]。

（三）亚洲

近来，由于全球信贷市场的超额流动性、公司更高的透明度和良好管理以及投资者对亚洲市场的高度信心，亚洲高收益债券市场出现高速发展。亚洲高收益债券市场的主要投资者为国际私人银行、区域性资产管理机构、新兴市场基金、美国高收益基金和对冲基金。目前，韩国、泰国、印度和印尼等亚洲国家都有企业发行高收益债券。

在日本，与欧美市场发行人初始发债评级多在投资级以下的情况不同，日本高收益债券发行人主要是从投资级降级而来的前蓝筹公司。日本高收益债券初次评级为 BB 或以下的并不多见，收益率也通常仅高于国债 100bp 左右，但投资人在衡量风险后仍不愿购买，因此，日本高收益债券的利率仍不足以称为“高收益”。

高收益债券市场的现状

从高收益债券发展的历程来看,欧洲和日本还处在早期发展阶段,尚未经历完整经济周期,并不算成熟市场。美国是高收益债券发展最成功的国家,其市场规模自1997年的4480亿美元成长至2007年的9790亿美元(年复合成长率13.3%),过去10年每年平均发债量皆超过1160亿美元,占公司债券市场的比重约达15%[4]。

(一)债券种类

随着高收益债券市场的发展,出现了各种类型的高收益债券,如普通债券(Straight cashbonds)、分息债券(Split-couponbonds)、以现金或其他证券支付的债券(Pay-in-kind bonds)和递延利息债券(Deferred-interest bonds)等。

(二)发行人类别

目前,高收益债券发行人主要有以下几类:经营历史较短但具有成长性的新兴企业;曾经是投资级但目前处于困难时期的企业;希望调整财务结构而发新债的企业;从事杠杆并购的机构[5];在国内缺乏熟悉投资者的国外政府和企业。

(三)投资人类别

各类投资者都可能投资高收益债券。个人投资者可以直接购买或通过共同基金持有高收益债券;机构投资者主要包括共同基金、保险公司和养老基金等。债券市场协会(Bond Market Association)最近的一项调查显示,欧洲高收益债券市场的投资者结构大体是,投资基金持有41%,对冲基金持有27%,商业银行持有15%,保险公司和养老基金持有13%,剩余部分由其他投资者持有。这一投资者结构显示了机构投资者在高收益债券市场的主导地位。

（四）风险与回报

一般来说，信用等级越高，其违约回收率也越高。高收益债券的回收率平均为32%左右，远低于所有债券约50.08%的平均回收率。高收益债券尽管风险较大，但回报也较高，其信用溢价虽然会随着经济周期上下波动，但比国债等高信用等级债券的回报率都要高几百点。根据Bloomberg的统计，高收益债券信用溢价的平均值1986—2003年为554 bps，1992—1998年为413 bps。1990年和2002年前后分别出现高点，信用溢价达到了1000 bps以上。

（五）担保和抵押情况

国外发行的债券一般都是信用债券，企业依靠自身财务状况获得信用评级，以此作为债券发行的依据，而没有担保。不过，也存在个别企业担保和银行担保的情况。

但无论是投资等级的债券还是高收益债券，抵押品是可以存在的，需要事先在债券契约中加以确定。如果抵押品是公司财产，则这种债券称为抵押债券；如果担保品是公司的其他有价证券，则称为担保信托债券；如果担保品是设备，则称为设备契约债券。美国发行的美元高收益债券，排在前三位的发行方式分别是高级无担保、公司担保以及票据担保。

（六）法律要求

与发行普通债券一样，根据发行对象的不同，美国发行高收益债券适用不同的法律要求，具体包括在美国证券交易委员会（SEC）注册、144A规则以及S规则三类。

1.SEC 注册。如果债券目标投资者是包括机构和个人在内的所有美国投资者,则发行人需向 SEC 注册。依照 1933 年证券法,只有在 SEC 受理注册发行人登记书之后,发行人方可受理客户认购申请,并且也只有在 SEC 宣布上市登记书生效之后,证券的最终销售才能得到确认和执行。向 SEC 注册的发行人具有持续汇报义务,需按季、年或在发生重大业务事故时向 SEC 提供最新资料。

2.144A 规则。如果目标投资者是美国境内合格机构投资者(QIBs),则发行公司不必向 SEC 登记注册,可根据 144A 规则快速融资,但通过这种方式发行的债券不能在美国证券交易所发行和交易。合格机构投资者包括:无条件持有/投资至少 1 亿美元的投资者,以及无条件持有/投资或代表合格机构投资者持有/投资至少 1000 万美元的交易商。2007 年以 144A 规则发行的高收益债券占到了 80%以上。

3.S 规则。S 规则主要针对在美国境外但又与美国市场有关的证券发行,通常指对美国投资者在指定离岸市场转售证券给予登记豁免,从而使外国发行人可通过"登记豁免安全港"而不是 SEC 注册争取美国投资者,其业务及财务披露要求较为宽松。

需要指出的是,尽管根据 144A 规则和 S 规则发行的债券不必向 SEC 登记注册,但仍需要满足信息的"公平披露原则(Regulation for Fair Disclosure)",这一原则由 SEC 负责监督。

(七)发行和交易

高收益债券单笔发行规模较小,美国市场平均发行额为 1 亿~4 亿美元,欧洲市场平均发行额为 1 亿~2 亿欧元。由于欧洲本土投资人不足,欧洲企业发行的高收益债券多以美元计价且在美国销售。投行在高收益债券承销过程中扮演重要角色，并在二级市场提供流动性支持。除了美元高收益债券以外，以欧元定价的高收益债券也大多由美国投行承销。

高收益债券交易主要集中在场外市场，并由做市商做市。美国高收益债券很少在纽交所交易，大部分在场外市场交易，全美有 40 多个债券做市商对高收益债券做市。欧洲高收益债券主要在场外交易，通过电话或 Bloomberg 讯息进行交易。根据高收益债券流动性的高低，做市商的数量从 1 至 15 家不等。

国际经验和对我国的启示

从国际经验看，美国的高收益债券发展得比较成功，欧洲和亚洲的高收益债券刚刚起步，但美国也出现了米尔肯（Michael Milken）事件，对市场发展产生了双面影响。

（一）宏观经济周期与高收益债券发展正相关

美国、欧洲高收益债券市场景气度与当时的宏观经济状况密不可分，研究表明，在经济处于上升期时，打包后的高收益债券预期收益高于高等级债券，风险也较小；但当经济不景气时，资产包内各高收益债券违约的相关性明显上升，整个高收益债券资产组合的系统性风险显著增大。

（二）市场繁荣与否取决于投融资双方的需求

一个成功的金融产品，必须拥有足够多的购买者和发行人，即需求方和供给方要匹配，单纯的企业融资需求无法催生出成功的高收益债券市场。这条经验在美国的高收益债券发展史上显得尤为突出。20 世纪 70 年代之前，虽然有为数众多的企业发行非投资等级的债券，或者企业因经营不善而落入投资等级以下，高收益债券并未受到机构投资者的欢迎。

直到米尔肯提出观点,认为各个企业之间的违约相关性较低,多样化的投资会带来风险的分散化,并呼吁投资者逐渐参与这个市场,才使得原来几乎没有流通市场的低级债券有了流通性,一个巨大的高收益债券市场逐渐形成。

(三)完善的市场环境和基础设施

美国高收益债券市场的发展,和其信用评级制度、信息披露制度、会计审计制度等完善的制度环境,良好的法律环境和司法程序,成熟的中介服务机构以及安全高效的交易结算系统,都是分不开的。尤其值得一提的是,诸如CDS(Credit Default Swaps,信用违约互换)等信用衍生产品的快速发展,使得市场对违约事件的冲击更具有弹性,对近年来高收益债券市场发展起到巨大的推动作用。

(四)较好资质发行人占主导

高收益债券的发行人主要为大中型公司,根据Bloomberg的统计,截至2008年7月9日,美国境内发行的美元高收益债券中,评级在B和BB的债券发行数量占到了总量的四分之三。B和BB级高收益债券发行人的平均发行规模都集中在4亿美元左右,平均总资产规模分别为1310亿美元和310亿美元,平均资产负债率分别为66%和38%。

也有小企业通过高收益债券进行融资,但是数量比较少。其中最典型的案例是米尔肯帮助MCI通过高收益债券融资,从而成功打破了美国电报电话公司(AT&T)对长途电话市场的垄断。

(五)发行目的和道德风险的影响

上世纪美国高收益债券市场衰败的一个主要原因,是由于高收益债券发行利润丰厚,各证券公司纷纷加入,很多企业以投机心态发行高收益债券，道德风险很大。

近几年高收益债券市场的繁荣，主要源于高收益债券的发行已不再建立在杠杆收购基础上，而是与普通债券类似，成为发行人实现稳健扩张计划的一种有效融资方式。在这一背景下，信用等级较高的公司也开始发行高收益债券，例如 GAP6、FORD（福特汽车）、Levi's、REVLON（露华浓）与 TRUMP（川普公司）等。

（六）机构投资者是主要力量

1989 年美国高收益债券危机显示出机构投资者是高收益债券需求的主要力量。在美国高收益债券第一次陷入危机时，美国国会要求储贷机构出售其所持有的高收益债券。美国保险监理官协会（National Association of Insurance Commissioners，NAIC）要求保险公司为高收益债券的潜在损失提取更高的法定损失准备。同时，当时个人或规模较小的投机者倾向于投机性的炒作，形成巨大的风险。主要机构投资者的缺失和非理性投机者的存在使得疲软的高收益债券市场雪上加霜，1990 年几乎没有高收益债券问世。

发展高收益债券的意义

基于国际高收益债券发展的经验和教训，本着稳步发展的宗旨，我国高收益债券的发展重点，并不应局限于单纯意义上无信用评级或信用评级在 BBB 以下的非投资级债券，而是应侧重于成长型或者资质较好的从事实体经济业务的企业。这类企业发行高收益债券对经济、金融发展特别是自主创新将发挥有益作用。

（一）有利于改善融资结构，打通资金供求渠道

当前，我国储蓄性金融资产增长迅速，对金融工具创新的需求日益迫切。高收益债券的推出，既有利于改善融资结构，又有利于丰富投融资渠道，满足投融资需求。

（二）有利于丰富成长型中小企业的融资渠道

尽管高收益债券不能作为中小企业融资的主渠道，但仍可借助于一定的信用增级方式，由具有成长性的中小企业或创投机构针对特定投资者发行高收益债券融资，以提升成长型中小企业的创新和发展能力。

（三）有利于债券市场完善，从而促进金融市场平衡发展

近年来，我国债券市场在快速发展的同时，结构不平衡问题日益突出。政府债券及准政府债券市场发展较快，而非政府债券市场相对较慢。高收益债券的发行，有利于增加债券市场中公司债的规模，完善市场收益率曲线，促使投资者形成更为合理的风险组合。

（四）有利于防范跨市场风险，促进金融稳定

在市场经济环境下，风险和收益相对应，高收益是对投资者承担高风险应有的回报。具有较高风险的中小企业资金需求如果不能从正常途径满足，就可能借助高风险的非正规金融，从而不利于金融稳定。而在一个良好发展的高收益债券市场中，在债券发行过程及完全兑付前有严格的信息披露、信用评级贯穿始终，市场投资者众多，风险责任分散，发行人信用状况的变化可以通过二级市场价格变化和高收益债券在不同投资者间转手加以消化，减少了风险积聚并向系统风险转化的可能性，从而有利于金融稳定。

我国发展高收益债券可能存在的风险

美国此次的金融危机使得市场对于高风险高回报类的投资都比较谨慎。其实,任何金融产品都具有风险,金融危机发生的原因不在于存在风险,而在于没有正确认识风险和有效防范风险。除了比普通企业债券更容易面临利率风险、流动性风险、信用评价下调的风险和宏观经济风险等,高收益债券还可能会面临以下风险。

(一)经济不景气时的高违约率

宏观经济的发展存在周期性,当经济形势不好时,企业债券的违约率上升,非投资等级的债券肯定会面临违约,这将是很正常的。但需要注意的是,债券的违约概率在经济不景气时正相关性显著增加。持续的大范围债券违约不仅会损害投资人利益,而且会给金融市场造成极大的不稳定。

(二)破产机制不完善的道德风险

高收益债券的发展需要完善的破产机制。如果由于破产机制不使公司能够以低于银行贷款的成本获得非投资等级的债务融资,就可能因缺乏控制自身风险的动力转向更高风险的投资。

发展高收益债券可能存在的障碍

(一)宏观经济下行风险明显增大

美国上世纪 90 年代高收益债危机的一个主要因素,是受美国经济衰退的影响,高收益债券的违约率呈现显著上升。发行人盲目提高票面利息,最后陷入恶性循环,企业因无法兑现高利息而走向破产。当前美国次贷危机已演变成一场全球性金融危机,预计未来几年内全球经济将普遍放缓,国内经济也会受到明显影响。尽管预计未来随着通胀指数的走低利率也将连续下调,但宏观经济下行风险加大导致的需求放缓可能影响高收益债券的偿还能力。

(二)法律法规的限制和部门监管的协调

尽管目前利率上限基本放开,但根据相关部门有关企业发债的规定,对能够发债的企业一般均有不同程度的资质要求,信用等级较低的高收益债券发行有一定障碍,监管部门的协调也需进一步增强。

(三)投资者的政策限制和投资意愿

根据现行监管部门的相关规定,银行、保险、证券等机构投资者的债券投资对象主要是高等级债券,从我国短期融资券发行情况看,主体评级为A的企业发行的债券在市场就很难承销了。以福禧债事件为例,当福禧债评级下降到投机级、清偿面临问题的时候,虽然有一些机构基于自身判断从市场购买福禧债并获利,但是这类风险偏好的机构不多。在目前市场没有规避信用风险的衍生产品,对信用风险的定价还不确定的情况下,大部分投资者风险规避倾向较强。

(四)发行人违约后的债权人利益保护

目前我国债权人权益保障的法律制度虽基本具备,但司法效率仍然较低,例如抵押物的强制执行困难重重,破产案件审理时间漫长,这对违约率较高的高收益债券投资者的权益保护更为不利。

发展高收益债券的基本思路

我国如果要考虑发展高收益债券市场,其基本思路应是树立政府免责理念，采用市场化方式，面对机构投资者发行，在场外市场交易，通过创造良好的公司债市场环境推动高收益债券市场的发展。

（一）投资者资格限制和交易场所选择

在信息披露充分及时、市场基础设施和中介服务比较完善的情况下，依托合格机构投资者，能够发展一些高风险、高收益债券。银行间债券市场作为我国债券市场的主体市场，是一个只有机构投资者参与交易的场外市场，已经建立起一套相对完善的管理制度框架和登记托管结算体系，以及运行平稳的发行、交易和结算系统，能够为高收益债券提供合适的投资者和交易场所。

（二）监管部门责任和中介服务职能

通过对高收益债券合格投资者的选择，能够在很大程度上规避高收益债券的投资风险，在这一定位下，监管部门职责主要是完善市场化的激励约束机制，创造良好的市场环境，避免因过度管制而可能产生的政府责任。与此同时，应大力培育和改善信用评级等中介服务，为投资者提供及时、真实、准确、完整的信息。

（三）准入和发行的市场化

考虑到高收益债券发行规模、信用级别以及可能面临的流动性问题和道德风险，结合现行法律法规，高收益债券的发行人可定位于信用等级相对较低的中型企业和创业投资机构，在投资者资格限制和信息披露较为严格的前提下，高收益债券仍可参照现行高信用债券的备案制方式发行。对一些盈利能力较好的小型企业，可考虑采取统一组织、申请及冠名，分别负债，统一担保的集合发行方式。

（四）风险防范和投资者利益保护

由于高收益债券的投资者是机构投资者，参考国际经验，其风险防范和投资者利益保护主要借助于信用评级、信息披露、债券契约、受托人制度和多样化的信用增级等措施进行。

——高收益债券的信用评级非常重要。在规范的信用评级制度下，具有公信力的信用评级公司,可以定期对债券发行企业进行分析,当企业财务状况发生重大变化时,通过及时修订评级起到预警作用。

——信息披露制度可以减少信息不对称带来的市场风险。规范的信息披露框架能够有效落实信息披露责任,从而有助于投资者判断和识别风险。

——国际经验表明,规范高收益债券风险的一个重要手段,是详细而灵活的契约限制条款,如抵押品、偿债基金、股息政策和继续借贷等的一些限制和规定。除契约限制外,发债主体还可通过多样化的担保或抵押模式进行信用增级以保护投资者利益。

——建立债券受托人制度。债券受托人制度的根本目的,是由受托人代表债券持有人并保护债券持有人利益。受托人最重要的作用,是代表债券持有人的利益对发行人强制执行兑付债券本金和利息。通过建立债券受托人制度,一是能够避免将过多责任推向承销人,二是能够有效保障投资者利益,这对违约风险较高的高收益债券显得更加重要。

注:

1.在本文写作过程中,中信证券股份有限公司和瑞银证券有限公司提供了相关资料,在此表示感谢。

2.The Bond Market Association, High Yield Bonds, www.bondmarkets.com.

3.数据来源于 bruno biais and fancy declerck. European High-Yield Bond Markets: transparency, Liquidity, Efficiency, Toulouse University, March2007, IDEI.

4.数据来源：CEIC。

5.在并购活动中，资金的偿还顺序一般为：银行贷款为最优先级，垃圾债券为中间层，并购者的自有资金位列最后。

6.Gap 公司创建于 1969 年，为全球最大的服装零售商之一。

参考文献：

1.Andrew Crooke,2006. The Momentum of Asia's High-yield Market over the Past Two Years Has Driven Issuance to Record Highs, Asian High-Yield,Pacific Prospect.

2.The Bond Market Association.High Yield Bonds,www.bondmarkets.com.

3.Bruno Biais and Fany Declerck,2007. European High-yield Bond Markets: Transparency, Liquidity,Efficiency. Toulouse University IDEI,January 12,2007.

（本文原载于《中国债券》2008 年 10 月刊）

正确认识和对待债券投资的风险

沈炳熙

最近，一部分金融机构因为购买了刚破产的雷曼兄弟债券而遭到损失。这件事，使人们对债券投资的风险有了新的认识。其实，债券作为一种固定收益证券，尽管投资它的风险相对较小，但绝不能说没有风险。从理论上说，除了国债没有信用风险，其他债券都有信用风险。至于市场风险，就连国债也不能幸免。因此，正确认识债券投资的风险，无论对投资者的投资安全，还是对债券市场的发展，都是十分重要的。

信用风险是债券投资的主要风险

信用风险是指债务人不能按时还本付息而使债券投资者蒙受损失的可能性。债券融资和银行贷款一样，都是债务融资的具体方式，尽管两者存在某些区别，例如，银行贷款是一个债务人面对一个债权人，而债券融资是一个债务人面对众多债权人，但就融资双方的关系而言，都是债权债

本文作者时任中国人民银行金融市场司副司长。

务关系。这一相同的性质，决定了债券和贷款一样，都有信用风险：只要借款人丧失还款能力或者不愿履约，债券持有人就无法收回本息，遭受实际的损失。其极端的情况，就是债券这一债权债务凭证变成一张废纸。

债券投资信用风险的产生，主要基于两方面：一是发债主体缺乏偿债能力；二是发债主体不守信用，不履行还债义务。由于发债主体情况差异较大，具体到某一发债主体，究竟信用风险因何种原因而起，需要具体分析。

通常，发债主体分为三类，一类是政府，包括中央政府和地方政府；一类是有某种政府背景的机构；还有一类是公司或企业法人。

政府作为发债主体，其信用状况一般应该是没有问题的，特别是中央政府，即使政府换届，也不会影响其信用。因为国家不会破产，只要国家存在，就有税收收入，就能偿还债务。所以，一般中央政府的债券即国债是无信用风险的，国债的价格常常作为金融产品的定价基准。但是，如果某个国家发生革命或政变，也可能导致国债产生信用风险。当然，某些国家由于极其贫困，虽然国家依旧存在，也承认债务，但还债能力很弱，短期内根本偿还不了。对于这些国家往往要采取某些减免债务的措施，尽管这更多是出于债权国的主动行为，但实际上也是一种信用风险。地方政府的债券，例如市政债券等，是以地方政府的信用作担保发行的，一般来说信用风险也比较小，尽管它不能与国债相比。

某些有政府背景的机构发行的债券，其信用基础还是机构自身，但政府背景也起很大作用。例如美国的房利美和房地美，就属于这样的机构，他们所发行的债券虽然并不以政府信用作基础，但多少有些政府的支持。投资这些债券的信用风险高于政府债券，但相对于公司债券，则要好得多。

公司债券是以公司信用作基础发行的债券,它的信用风险是三类债券中最高的。因为公司的经营具有较大的不确定性,当公司经营遇到问题时,即使不到破产的程度,也可能延误还本付息。这里需要指出,尽管有的发债公司并未达到破产或无力偿债的地步,但由于种种原因,它的信用等级下降了,此时,它的债券在市场上的价格也随之下降,导致债券持有人遭受损失,这也是一种信用风险。

至于第二个原因,即发债主体不认真履约而形成的信用风险,许多情况下主要存在于公司债券。政府发债特别是中央政府发债是列入预算的,既有偿付的来源,也没有必要赖账。机构债券的发债主体得到政府支持,发债资金多用于公共事业,一般也不会有意推迟债券本息的偿付。公司债券的发行主体是公司,多数公司特别是上市公司,由于受到市场的监督,一般不敢故意欠债不还,但在社会信用状况不好的情况下,有些公司也可能故意拖延债券资金的偿付。总体上说,这个原因较之前一个原因,影响要小得多。

在我国债券市场发展的过程中,政府债券从未出现到期欠付本息的现象,因此国债作为金边债券信誉很高。机构债券——如果说政策性金融债券算作一种机构债券的话,也未出现过信用风险的事件。但是,以公司信用为基础发行的债券,是曾经出过问题的。20 世纪 90 年代初,少数企业不能如期偿付到期债券的本息,曾经引发过若干次群体性事件。近年来,随着市场的逐步成熟,此类事件未再发生,但公司(企业)债券的信用风险依然存在,对此必须高度重视。

市场风险在债券投资中始终存在

如果说债券投资的信用风险更多表现在公司债券上,那么,债券投资的市场风险则存在于所有债券。债券投资的市场风险,表现为市场利率发生变化后债券二级市场价格发生变化,从而使债券持有人遭受损失的可能性。

在债券二级市场上,债券的价格和收益率是呈相反方向变动的,即当债券的收益率提高时,债券的价格就下降;反之,当债券的收益率下降时,债券的价格就提高。例如,面值100元的债券,票面利率为5%,则一年后的债券的本息应为105元,两年后为110元。但市场利率是不断变化的,如果此债券发行不久市场利率上升为6%,此时债券交易市场上,债券的买入者也要求能够得到6%的收益率,这样,他就不可能再花100元去买入这张面值为100元、利率为5%的债券,而只愿意用99元的价格去买入,否则就保证不了6%的收益率。原来的持有人是100元购入这张面值为100元的债券的,现在只能用99元的价格卖出,他就损失了1元钱(这里交易费用和短期持有的利息都忽略不计)。反之,如果此时市场利率下降,债券持有人可以得到高于原先票面利率所设定的收益。前一种情况对债券持有人而言,就是市场风险。显然,债券投资的市场风险是不分债券品种的,只要市场利率发生了变动,不管哪类债券,都会出现市场风险。如果是外币计价的债券,还会受汇率变动的影响。

对于传统债券而言,市场风险主要来自利率和汇率的变动。但是,在债券产品创新不断出现的今天,市场风险已经不仅仅局限于此。雷曼“迷你债券”是一个典型的例子。雷曼“迷你债券”把抵押、担保、利率互换、信用互换集于一体,使债券的还本付息不仅与发债主体的信用情况及市场利率等因素联系在一起,而且还与抵押品的市场价格、担保方的担保能力、利率互换对手实际收益的情况以及相关机构的信用违约事件发生与否联系在一起,这使债券的风险范围一下扩大了许多,其中任何一个环节出问题,债券的还本付息都会受影响,债券持有人就可能蒙受损失。这次在中国香港、新加坡发生的因雷曼兄弟公司破产而使雷曼“迷你债券”不能足额偿付的事件,就是因为雷曼兄弟破产,不能再为抵押品提供担保而引发的。

由于债券投资的市场风险始终存在,债券投资者对此必须高度重视。在股市很火时,人们都涌向股市;在股市不振时,人们更青睐债券,这是可以理解的。但是,不要认为进入债市就没有风险,特别是在价格波动比较大的情况下,投资债券市场更要注意可能出现的市场风险。

理性认识债券投资的风险

对于债券投资的风险,必须有一个正确的、理性的认识。既不能对债券投资存在的风险熟视无睹、掉以轻心,也不能惊慌失措、因噎废食。

首先,对债券投资的风险掉以轻心显然不对的。这种认识源于我们在债券投资风险认识上的误区,也与近年来我国债券市场运行比较稳健、风险相对较小有关。关于认识上的误区,主要是把债券的风险固定化。有人认为,既然债券是一种固定收益证券,它的风险也应当是固定的。其实,固定收益证券是从证券票面收益事先确定这一点上说的,并不表示该证券最终收益与票面完全一致,更不表明该证券在流通中的收益与票面收益一致。除非债券投资者持有到期,否则票面收益与实际收益一般都存在差别。即使持有到期，如果此间发债主体经营恶化甚至破产倒闭，票面收益也未必就是投资者实际所能获得的收益。所以，固定收益证券的收益固定是一个相对概念。与此相对应，其风险也不能说是固定的。特别是在经济金融大环境出现问题时，风险可能更大。在我国20世纪90年代初，曾经发生过企业债券到期无法偿付的情况，引起了投资者的恐慌和不满。此后，国家对企业债券市场进行规范，才逐步扭转了这种局面。在这次由美国次贷危机引发的金融海啸中，房利美、房地美发行的债券信用风险加大，一些投资银行所发行的金融债券无法如期足额偿还，这些严酷的事实，都在纠正人们认识上的误区。

近年来，我国债券市场运行平稳，没有发生大的动荡。但是，这并没有消除债券投资所固有的风险，只是由于监管比较严格和到位，一些潜在的风险才被化解在萌芽状态。在这次美国金融危机中，我国不少金融机构都因为购买了美国一些问题债券而蒙受了损失，虽然数额不大，但教训十分深刻。

其次，因为债券投资有风险，就因噎废食，不敢投资债券，甚至不敢发展债券市场，也是不对的。债券市场是资本市场的重要组成部分，债券投资对于吸引更多的资金投向生产建设领域，对于扩大企业融资渠道，对于以市场为基础配置资源，都有十分重要的意义。我国长期以来间接融资比重过大，直接融资比重过小，风险过分集中于银行，对金融体系的稳定曾产生过不好的影响。这几年大力发展债券市场，特别是通过产品创新，大力发展以企业信用为基础的债券，使这种局面有了一定的改变，大方向是正确的，实际效果也很好。实践证明，只要我们统筹市场发展和金融监管、产品创新和风险防范的关系，债券投资的风险是可以掌控的。如果因为担心债券市场有风险,就对债券投资失去信心,对发展债券市场产生疑虑,对放松管制、走市场化发展的道路发生动摇,管理部门对企业债券的发行重新实行严格控制规模、严格审批项目,对各类机构的债券投资实行严格限制,那就会极大地影响我国债券市场的健康发展。我们应当努力防止这种情况的出现。

积极防范债券投资中的风险

债券市场的风险是客观存在的,但债券市场又必须进一步发展,为此,必须搞好风险的防范和控制。对此,监管部门当然责无旁贷,债券投资者也应当高度重视。这里,着重分析一下投资者防范债券投资风险应当注意的几个问题。

首先,投资者要根据自己对风险的识别能力和承受能力,来选择投资的债券品种。投资者包括机构投资者和个人投资者,机构投资者中又有各种类型,例如,商业银行、保险公司、信用社、财务公司、各类基金等,个人投资者中也分资金实力雄厚的和小额货币持有者。不同类型的投资者在识别风险和承受风险的能力上差别很大。机构投资者,特别是较大的机构投资者,一般都有专门的投资管理人乃至管理团队,他们识别风险的能力较强。另一方面,这些大的机构投资者有雄厚的资金实力,能够在非常情况下快速调剂资金头寸,以别处的盈利弥补此处投资形成的亏损。对于这些机构来说,可以选择风险相对较高但收益水平也较高的公司债券。而中小机构投资者,特别是那些没有专门投资团队的机构投资者,它们投资债券时就应多选国债、机构债券,适当选择一些信用等级较高的公司债券。对于个人投资者来说,少数资金实力较强且又有相当理财能力或有专业人员代理的人，可以适当投资一些公司债券，多数个人投资者宜选择国债，实际上将国债投资作为储蓄替代。一般的个人投资者不应把风险相对较高的公司债券作为投资的主要对象。至于像雷曼“迷你债券”这类结构复杂、风险很高的债券，更不应选作投资对象。

其次，投资者要妥善处理好对债券的长期投资和短期持有的关系。由于投资者情况不同，其投资债券的目的也不尽相同。商业银行投资债券，多数是为了合理配置资产，在遇到流动性紧张时，会通过债券回购等方式进行短期资金的融通。它们一般不会把持有期拉得太长。保险机构特别是寿险机构的长期资金多，这些资金需要寻找相应的出路，长期投资债券是其重要的资金运用出路。证券投资基金对债券的投资则很少是长期投资，特别是货币市场基金，相关制度规定其不能投资于期限超过一年的债券，这样，它对债券的持有时间一般也是短期的。其他非金融类的工商企业投资债券，一般也不会长期持有。投资者根据资金的性质处理好对债券长期投资与短期持有的关系是十分重要的，否则，该长期投资的短期持有，会提高交易成本，降低债券收益；该短期持有的变成长期投资，会增加信用风险，失去盈利机会。

再次，投资者在投资债券时，要按照风险分散的原则，处理好不同类型债券的数量搭配，使之保持合理的结构，以利于风险的分散。一是不同发行主体的债券应保持合理的比例。政府发行的债券、有政府背景的机构发行的债券、公司企业发行的债券，其发行体的信用等级各不相同，这些债券必须有一个合理的比例。二是不同期限的债券应保持合理的比例。债券的不同期限，对债券的信用风险和市场风险有不同的影响，应当根据投资者资金的性质和特点进行配置，保持合理的比例。三是不同信用等级的债券应保持合理的比例。债券的信用等级是债券风险水平最直接的反映,债券信用等级不仅取决于发行主体的性质,也取决于发行主体不同时期的现实状况,即使同一发行主体,在不同时期的状况不同,其所发行债券的信用等级也不同,这不仅表现在不同时间发行时债券的信用等级不同,也表现在同一只债券在发行时和存续期间内不同时点上信用等级的差别。因此,保持合理比例,应当是动态的,不仅要在初始投资时要注意合理的比例,还要注意同一债券不同时期信用等级的变化情况,通过二级市场的交易,使之保持一个合理的比例。

(本文原载于《中国债券》2008 年 11 月刊)

应引入专业化担保品管理机制

吕世蕴

近年来,债券等固定收益产品已经越来越多地被用作金融交易的担保品,而对担保品不断"估值盯市",使其价值始终有效覆盖金融交易风险敞口的"担保品管理服务",变得越来越重要,专业化程度也越来越高。从发达市场的经验看,担保品管理业务不仅仅服务于固定收益市场本身,而且已逐渐成为支持整个金融市场正常运行不可或缺的部分。目前我国银行间债券市场托管的各类债券余额已达15万亿元,2008年的债券交易量已超过100万亿元,其中涉及担保品管理的质押式回购达60多万亿元。在当前全球金融危机背景下,如何为债券市场的运行提供高效安全的担保品管理服务,对于中国债券市场的发展创新、金融体系流动性的保持、货币政策的有效操作,都具有十分重要的意义。

在银行间债券市场引入担保品管理服务的需求和可行性

目前,在银行间债券市场上,质押式回购、债券双边借贷大量使用债

本文作者时任中央国债登记结算有限责任公司总经理。

券进行质押;远期交易、买断式回购以及其他一些衍生品交易使用债券作保证券;央行公开市场操作、大额、小额质押融资业务也都要使用质押机制。然而,我国在担保品管理机制的建设和业务应用方面还处在起步阶段,不成体系。从以下几方面看,市场对专业化的担保品管理服务提出了较为迫切的需求:

一是传统质押式回购交易关于担保品的谈判效率较低,担保品管理成本较高。近年来,大量小银行、券商、基金以及非金融机构进入银行间债券市场,这些机构多持有零散债券,使用这些债券向大行融资很难,因为这对融出方来说,无论是交易中的谈判,还是交易后的结算以及对担保品的盯市,都会很麻烦,增加了操作成本。此外,对信用等级不一致、相互又缺乏了解的市场成员来说,质押式回购也会受到较大的制约。这些情况制约着银行间债券市场参与者的普及。

二是市场可交易的债券品种已变得较为丰富。当市场最初将国债和政策性金融债作为交易担保品时,由于这些债券信用等级很高,因此对担保品折扣率管理的需求不太迫切。而当债券担保品出现企业债、企业短融和中期票据等更多品种时,不同信用等级的债券在交易流通期内,其价格会受多种因素影响发生变化,给投资人带来的可能是收益,也可能是风险,投资人面临着更多的担保品价值变动的风险,从而对担保品进行盯市和折扣率管理的要求变得日益迫切。

三是随着市场交易活跃以及单笔交易金额的不断放大,市场参与者在交易的精细化管理和灵活性等方面都有了更高的要求:对回购中的质押券价值计算更加精确;既要足额质押,又要求可以灵活替换,求得安全和效益的最大化。此外,金融衍生产品市场也对建立较为完善的担保品管理机制提出了要求,将其视为自身发展的基础性条件。

四是由于缺乏有效的担保品盯市机制,目前市场已经存在担保品价值不足情况。例如传统质押式回购,质押大多按照面额计价,随着质押券市价的变化,往往存在质押券质押不足的情况。如果每一家机构投资人对所交易的债券都自行作估值、自行建立盯市机制来规避风险,是件成本极大的事情,势必降低整个市场的效率。因此,市场对专业中介机构提供担保品估值和管理服务提出了现实需求。

五是巴塞尔新资本协议对银行资本充足率的要求进一步提高,而有担保支持的金融资产可降低资产的风险权重,减轻资本约束压力。因此,发展担保品管理服务,能为中国银行业适应新监管要求提供有效帮助。

随着担保品应用需求的增加,中央国债登记结算公司(以下简称中央结算公司)近年来在配合结算业务提供质押担保机制的基础上,逐步增加着担保品管理服务的内容。比如在公开市场业务和大额质押融资业务中设置了质押资产池管理和自动选券功能;在部分业务中提供了“质押券置换”功能;开展了“担保品逐日盯市”服务,以“中债估值”为基础为市场成员未到期回购等质押业务提供了风险敞口信息和担保品估值参考,提示质押品不足或者超额。但这仅仅是个开端,中央结算公司依托其债券托管结算功能向市场提供完善的担保品管理服务,任重而道远。

国外证券托管结算同业机构担保品管理服务的经验

近年来,西方国家担保品管理业务运作方式开始发生革命性的变化。进入本世纪以来,在推行“巴塞尔新资本协议”、资本市场快速扩张、交易结算速度加快的背景下,担保品的有效管理变得既重要又复杂。在此背景下，托管结算中介机构开始为客户集中办理担保品的选择、估值、配置、交割、替换、追加以及变卖等业务，担保品管理专业化、智能化的发展趋势越来越明显。

为此，一些证券托管结算中介机构以传统的证券托管管理为基础，利用自身托管结算系统的优势，逐步发展出集中化、专业化、智能化的担保品管理系统，将分散的担保品管理功能整合在同一框架下，统一管理担保品的选择、估值、配置、交割、替换、追加以及变卖等事宜。由于托管结算机构构建了安全高效的担保品管理运行系统，为市场参与者提供了高品质的担保品专业管理服务，从而使担保品能够安全高效地运转起来，成为“隐性现金”，大大提高了金融交易和金融活动的效率，降低了相关成本，使市场参与者通过担保品的运用获取了更高的收益。正是由于这些原因，担保品管理成为目前国际金融业一个发展迅速、具有广阔前景的新兴业务。

目前在欧美市场，以明讯银行、欧洲清算银行(以下简称欧清)为代表的托管结算机构已经发展了多种担保品管理业务，一些创新业务如三方回购、三方证券借贷等，均在托管结算机构专业的担保品管理系统支持下获得了快速发展。与传统交易方式不同的是，根据交易双方及第三方——担保品管理服务机构共同签署的协议，交易双方在进行回购或融券交易时，只对标的物的有关要素进行谈判，无须讨论具体的担保品，而由第三方负责担保品日常管理服务。这不仅大大提高了交易效率，也降低了市场参与者的管理成本和风险。专业的担保品管理服务机构的风险意识较强，手段较到位，一般对担保品除了进行估值还要打折，十分审慎。值得一提的是，由于担保品管理做得好，在此次金融危机中，虽然作为美国四大投资银行之一的雷曼兄弟公司倒闭了，但欧清未受任何损失——尽管雷曼曾向欧清借券，但欧清收取的担保品完全覆盖了风险。

担保品管理业务涉及的各种权利义务主体之间的关系比较复杂，需要一个健全完善的法律制度框架来保证和支持担保品管理业务的顺利开展。由于金融担保品管理与其他一般担保品管理具有不同的特性和要求，因此两者的立法理念和法律框架也各不相同。金融担保品管理的目的主要是为了提高金融市场流动性和管理金融交易风险，为此，西方国家普遍对金融担保品管理进行了专门的立法。本世纪初，欧盟还颁布了金融担保品管理指南，要求欧盟各国按照该指南规定的法律框架完成各国方，但当债务方违约时，债权方可以保留该担保品并有权处置该担保品。

逐步建立担保品管理机制

完备的担保品管理服务体系是与成熟的债券市场相互依存和相互支持的。目前在我国银行间债券市场上，担保品管理服务正处于从无到有的阶段。建立担保品管理服务体系应当结合市场实际，积极推进。

（一）在新业务的拓展中适时引入担保品管理机制

担保品管理业务是为金融市场上需要使用担保品的各项交易和业务运行提供服务的，因此可以考虑在新业务的拓展中适时引入担保品管理机制。目前，在银行间市场中引入担保品管理机制可以将三方回购和债券自动借贷业务作为着力点。

与一般债券回购不同，三方回购是由债券托管结算机构作为中介一方，和债券回购双方事先签署三方协议，为双方提供债券担保品管理服务。交易双方在交易时，只确定融通资金的金额、利率和期限，至于担保债券的选取标准、价值估算、替换等问题,可按三方协议由托管结算机构全权负责,从而使双方风险得到很好的控制,全市场交易实现效率也大大提高。实行三方回购能与现有的双方回购很好地结合,市场乐于接受,易于推进。

债券自动借贷业务对于减少结算风险、提高市场流动性具有重要意义,是市场需要的服务机制。目前市场的双边债券借贷业务对担保品管理服务的要求还不太高,随着债券自动借贷业务的推进,市场参与者对市场托管结算中介机构自动化、高效率的专业担保品管理服务将提出十分现实的需求。

(二)分步构建担保品管理服务系统

对现有的担保品管理业务进行系统功能完善,在此基础上分步构建完善的担保品管理系统。作为市场托管结算中介机构,中央结算公司已经承担着部分担保品管理业务,可以对现有的相关业务功能进行必要的集中整理,形成担保品管理业务处理系统的雏形,为满足今后市场需求的快速发展做准备。当市场发展到一定阶段时,可借鉴国际经验,结合我国实际,由债券托管结算机构在对现有担保品管理服务进行整合完善的基础上,建设一个自动化、标准化的担保品管理系统,为市场提供担保品管理专业服务。

与此同时,要不断提高债券估值的科学水平,为担保品管理服务提供估值、盯市支持。目前由中央结算公司编制并发布的中债收益率曲线估值已成为中国证监会指定的所有货币市场基金和证券投资基金投资债券会计核算的基准、中国银监会指定的商业银行风险管理计量参考基准。此外,一些银行和证券公司将中债收益率曲线和估值作为中央监控风险的重要指标，有的国际会计师事务所，也将中债估值作为审计金融机构债券资产的标杆。

作为市场中介机构，中央结算公司应充分发挥自身优势，坚持客观透明的原则，不断加强技术分析工作，提高编制水平，不断完善中债收益率曲线和估值产品质量，为向市场提供担保品管理服务打下扎实的基础。

（三）为担保品管理业务的长足发展提供法律支持

担保品管理业务的全面发展需要有健全完善的法律制度保障和支持。客观分析，在目前我国的法律制度框架下，担保品管理业务是完全可以开展的，但是，要想取得在欧美市场上那样的长足发展，还需要进一步完善和健全有关金融担保品方面的法律制度。从长远来说，为促进改善担保品管理的制度环境，应借鉴发达市场的经验，推动金融担保品相关的专业立法，以促进担保品在金融交易中的合理使用，支持担保品管理服务的深入发展。

（本文原载于《中国债券》2009年2月刊）

推动各类公司债券市场的更大发展

易纲

近年来，在中国政府、各级监管部门以及各类市场主体的共同努力下，中国各类公司债市场快速发展。包括企业债券、短期融资券、中期票据、上市公司债券在内的各类公司债券存量，从 2006 年底的 0.56 万亿人民币迅速上升到 2008 年底的 1.5 万亿人民币，规模扩大了近 2 倍。与此同时，发行方式的市场化程度明显提高，交易工具日益创新，登记、托管、结算、信用评级等中介服务显著改善，各类公司债券市场正呈现出前所未有的良好发展态势。

在看到这些成绩的同时，我们更应看到这一市场仍然存在的一些问题以及未来发展的巨大潜力。从债券市场结构看，作为信用债券主体的各类公司债券在整个债券中的比重还较低，2008 年末，国债、政策性金融债等各类政府、准政府信用债券占比超过 90%，而各类公司债券仅占不到 10%，这一比重远远低于发达国家平均 50%的水平，不及同期银行中长期贷款余额的 10%。整个融资结构仍以银行贷款为主，整个债券结构仍以

本文系作者在中英公司债券市场研究会上的致辞，作者时任中国人民银行副行长。

政府债券为主的格局没有发生根本变化，这也是未来中国公司债券市场发展的潜力所在。

和国债等无风险债券相比，各类公司债的一个显著特点就是其内在的信用风险。公司债券市场要得到充分发展，关键是能否形成一个有效管理公司债信用风险的良好机制。这一机制首先是有效的信息披露。对监管者而言，其主要职责是运用好各种监管手段，创造一个有效的信息披露环境，明确各类市场参与者特别是发行人的信息披露责任并切实加强监督。对发行人而言，其核心责任就是真实、完整、及时披露反映其信用风险状态的信息。对投资者而言，投资公司债这样具有信用风险的产品，就是经营风险、管理风险并从中获取风险收益的过程，其自身的风险控制能力特别是风险识别能力决定着其投资成败。对市场中介机构特别是评级机构而言，其核心责任就是为投资者正确识别这些信用信息提供有益帮助。除有效的信息披露机制外，一个良好的公司债信用风险管理机制还应包括必要的市场约束机制，特别是能够最终约束发行人和保护投资者的法律框架，如破产法等。最后，无论是信息披露监管还是必要的投资者保护法律，均不能代替发行人自身的公司治理，一个不断改善的公司治理是各类公司债券市场健康发展的基础。

仍在蔓延的这次国际金融危机，也使我们对认识和管理信用风险有了一些新的认识。事实证明，即使是美国这样金融市场历史悠久、高度发达的国家，在有效管理信用风险方面同样面临巨大挑战，从中至少能得到以下教训：一是对风险交易工具创新而言，无论衍生品的设计多么复杂，风险交易的二级市场流动性多强，但如果这些衍生产品以高信用风险的原生产品（比如次级贷款）为基础，则整个产品链同样可能出现问题。二是即使对成熟投资者而言,如果过度依赖外部评级机构而忽视自身的风险识别和控制能力建设,那么依赖成熟投资者防范信用风险蔓延的传统理念也就不再可靠。三是对监管者而言,即使个别高风险信用产品能够在买者自负原则下疏于监管,但一旦这些信用风险蔓延为系统性金融风险,买者自负原则也就成了一句空话。这些教训在中国今后进一步推进各类公司债券等信用产品市场发展中需要认真研究汲取。

尽管这次金融危机再次证明了全球范围内的信用风险管理仍存在很多缺陷,但我相信包括公司债券在内的信用产品市场的发展前景仍十分广阔。从中国情况看,各类公司债市场正面临新的发展机遇,一是中国作为一个高储蓄国家,政府、企业、居民、金融部门的负债率明显低于国际平均水平,公司债券等各类直接融资工具的发展具有坚实的需求基础;二是为应对国际金融危机的冲击,中国实行了适度宽松的货币政策,市场流动性总体处于相对宽松状态,有利于扩大债券发行和降低发债成本;三是近年来中国推行了富有成效的金融改革和企业改革,建立了以各类机构投资者为主体的公司债券投资者群体,金融市场的基础设施也日益完善,公司法、物权法、破产法等相关法律框架基本成形,利率市场化改革逐步推进,这些基础条件的改善也将有利于公司债等债券市场的进一步发展;四是未来一个时期中国的工业化、城市化进程将进一步加快,各类公司债供给也将大量增加;五是政策推动。今年初,中国政府在发布的《金融支持国民经济持续平稳较快增长的若干意见》中,也将大力发展企业债券、公司债券等企业直接融资工具列为重要的政策优先目标,中国人民银行也在积极探索进一步推进企业短期融资券、中期票据以及相关信用风险管理工具的创新,更好地满足更多企业的发债需求。在推动各类公司债券市场进一步发展的过程中，需要围绕建立有效的信用风险管理机制这一目标，探讨如何深化各类公司债券的发行和交易制度改革，如何进一步完善登记、托管、结算、评级、市场自律组织等中介服务，如何既能创新信用风险交易工具，又能有效防范创新本身可能释放的风险，以及如何进一步提高投资者的风险控制能力和完善保护投资者的法律框架等问题。

推动各类公司债券市场发展既是改善中国资本市场结构，推动中国经济持续稳定健康发展的重大课题，也是中英财金战略对话的一个重要话题。作为中英财金战略对话金融服务领域的中方牵头部门，中国人民银行将与有关部门一道，积极借鉴英国在这一领域的成功经验，为共同推动中国各类公司债市场的发展作出不懈努力。

（本文原载于《中国债券》2009 年 4 月刊）

推动公司债券市场的更大发展

胡晓炼

近年来,在中国政府、金融管理部门以及市场参与者的共同努力下,中国公司债市场得到快速发展。包括企业债券、短期融资券、中期票据、上市公司债券在内的各类公司债存量从2006年底的5600亿元迅速上升到2009年10月底的2.15万亿元,规模扩大了2.8倍。与此同时,公司债发行方式的市场化程度在提高,特别是2007年银行间市场交易商协会的成立,标志着公司债发行出现了由审批制向注册制的重大转变。公司债的交易工具日益丰富,登记、托管、结算、信用评级等中介服务显著改善。公司债券市场正呈现出良好的发展态势。

尽管如此,我们看到,公司债券在整个债券市场中的比重还较低。到2009年10月末,各类公司债券占全部债券的比重约14%,远低于发达国家平均50%的水平,不足同期银行贷款余额的10%。在整个融资结构中,银行贷款仍占绝大比重;在整个债券市场结构中,政府债券仍占绝大比重。公司债市场需要进一步扩大规模,丰富债券种类,既要继续发展高信

本文根据作者在中英公司债券市场研讨会上的发言整理而成,作者时任中国人民银行副行长。

用债券,也可有条件地尝试发展高收益债券,这对拓宽中小企业融资渠道、推动自主创新和企业并购重组、满足各类投资者投资需求具有积极意义。在银行间市场交易商协会注册发行的中小企业集合票据,就是这方面的有益尝试。

和国债等无风险债券相比,高收益公司债的一个显著区别就是其内在的信用风险。这一市场要得到发展,关键是要形成有效评判和管理信用风险的良好机制。这一机制首先要有充分、及时的信息披露,监管部门和市场自律组织要用好各种手段,促使发行人真实、完整、及时披露信息。投资者投资这类信用风险产品,需要具备识别、评估、管理风险的能力,以获取风险收益。这就要求我们大力培育合格投资者。对市场中介机构特别是评级机构而言,其核心责任就是客观、公正、全面、真实地作出评级,对投资者提供有益帮助。此外,这一机制还应包括能够有效约束发行人和保护投资者的法律安排,如破产法等。最后,无论是有效的信息披露还是外部的法律约束,均不能代替发行人自身的公司治理,一个不断改善的公司治理是公司债市场持续健康发展的基石。

近年来,中国公司债市场发展的基础条件显著改善。中国推进了富有成效的金融改革和企业改革,形成了以各类机构投资者为主的公司债投资群体,公司法、物权法、破产法等相关法律框架基本成形,金融市场的基础设施日益完善,利率市场化改革逐步推进。中国作为一个高储蓄国家,公司债券等各类直接融资规模的扩大具有坚实的需求基础。未来一个时期,中国的工业化、城镇化进程将进一步加快,各类公司债供给也将大量增加。大力发展各类公司债等直接融资已被列为金融发展重要的政策优先目标。

这次国际金融危机的爆发,使我们对在发展公司债市场的同时防范市场系统性风险有了新的认识。危机表明,在债券市场上,发行者的不审慎、流动性管理的缺陷、投资者的盲目乐观和信心的崩溃、评级机构的失职、监管的缺失等因素,都可能酿成巨大的系统性风险。我们必须吸取教训,在发展公司债市场的同时,特别注意监管和防范风险。

推动各类公司债券市场发展既是改善企业融资结构,推动中国经济持续稳定健康发展的重大课题,也是中、英两国财金战略对话框架内的一个重要合作项目。目前,人民银行的金融研究所已与英国使馆签署了推动公司债市场产品创新等项目的合作研究协议。这项研究将对推动中国公司债市场的进一步发展提供有益帮助。我们将与有关部门一道,借鉴英国在这一领域的经验,积极推进企业短期融资券、中期票据、中小企业集合票据、资产支持证券以及相关风险管理工具的创新,加强系统性风险防范,促使公司债市场健康有序地发展。

(本文原载于《中国债券》2009 年 12 月刊)

关于中国债券市场发展的若干问题

——专访刘成相

新华社电视台财经频道“债券时间”栏目(下简称“债券时间”):近年来,我国债券市场取得了长足的发展,但与发达国家市场相比仍存在较大的差距,您认为目前我国债券市场还存在哪些亟待解决的问题?

刘成相:我国债券市场还是新兴市场,需要解决的问题有很多。我觉得,关键是要以科学发展观为指导,通过科学规范的管理来推动市场的发展。

当前,一个重要的问题就是要健全市场发展所需的法律制度。欧洲有两家重要的国际证券托管结算机构,一个是欧清银行,一个是明讯银行,分别位于比利时和卢森堡。这两个国家都有一个特点,用他们的话说,就是把“金融法律供给”提升到国家核心竞争力的高度,这使他们成为欧洲众多具有国际影响力的金融机构所在地,都是名副其实的金融强国。

近年来,我国债券市场制度不断完善,但随着市场的发展,现有的法规体系已不能完全适应新情况、新业务的需要,比如无纸化条件下债券登

本文系新华社电视台财经频道专访。刘成相时任中央国债登记结算有限责任公司董事长。

记的物权效力、债券担保品快速处置等问题,都迫切需要法律支持。从长远看,我们需要研究建立一个更加高效的金融立法机制。这也是目前债券市场面临的一个非常迫切的问题。

债券时间:2010 年,债券市场累计发行信用类债券 1.6 万亿元,可以说信用债券市场已经具有了较大的规模和广阔的发展空间,请您谈谈信用债市场的状况以及未来的发展趋势。

刘成相:信用债券是指包括企业债、公司债、短期融资券、中期票据等在内的非金融企业发行的债券。近几年,这类债券爆炸式的增长是债券市场发展的亮点。

从规模看,2010 年信用债余额占债券总余额的 18.7%,比“十一五”初的 4.7% 增长了 14 个百分点,已接近发达国家市场 20% 的平均水平。“十一五”期间,企业从债券市场累计融资达到 4.1 万亿元,约为股票市场的 1.39 倍,是直接融资的主渠道,这一规模位居亚洲第一。从发债主体来看,发行人类型大幅增加,原来能发债的只有少数几家大型央企,现在地方上具有一定信用等级的企业也能发债融资。从品种上看,信用债种类日益丰富,原来只有企业债,现在出现了短期融资券、中期票据、集合票据等新品种,企业的发债选择更加多元化。

对于信用债未来的发展趋势,我认为将主要体现在几个方面:第一,规模仍将不断扩大。由于我国债券整体规模仍然相对较低,未来还有很大的发展空间,信用债的空间自然也很大,包括企业债、中票、短融等在内的各种品种将会继续蓬勃发展。第二,结构趋于合理。目前信用债余额在债券总量中的比重已经接近国际水平,将来这个比例还会有所上升,但应控制在合理的范围内。第三，进一步推动企业债券融资仍是方向。这一方面需要加强配套的评级、估值和投资者培育等制度建设，另一方面还要依靠企业提升自身的竞争力，成为市场优质的发行人。

债券时间："中小企业融资难"一直是困扰我国企业发展的一个难题，您觉得债券市场在这方面能发挥什么样的作用？

刘成相：中小企业融资难是一个世界性的问题。一般来说，债券融资对于那些信用等级高、经常发债的大公司是比较有利的，但对中小企业则比较困难。在新兴市场国家中，我们近年来的实践是可圈可点的。比如，推出了中小企业集合票据，将多家企业捆绑在一起发行债券，共同承担债务，从而提高偿债能力；再比如，对中小企业债券进行信用增级。这些做法都从一定程度上圆了中小企业的债券融资梦。

下一步，我们一方面要继续坚持市场创新，另一方面中小企业自身也要苦练内功。在中小企业的融资渠道中，债券市场只是其中之一，而且本身有一定的门槛，不然，市场就会发生混乱。因此，我们既要为中小企业开辟多样的融资渠道，同时也要引导中小企业提升自身素质，努力达到发债标准，逐步解决其融资难的问题。

债券时间：2010年，境外三类机构被允许投资银行间债券市场，可以说是我国债券市场对外开放的重要举措，同时也促进了人民币国际化的进程。请问您如何看待我国债券市场对外开放和人民币国际化的关系？

刘成相：我觉得两者是相辅相成的，债券市场开放是人民币国际化的重要推进方式之一。

我国是一个市场经济国家,人民币国际化的发展目标不仅是要实现自由兑换,更重要的,是要成为国际硬通货。这不仅有利于中国的发展,也有利于世界的发展。那么,怎样让人民币在国际贸易等活动中被广泛接受和使用呢?这需要配套条件,包括要给大家提供一个人民币投资场所。从可控性、便利性的角度考虑,优先开放债券市场,相比开放楼市、股市和衍生品市场而言,是一个更为积极稳妥的选择。

那么,实行什么样的开放策略呢?我认为,总的原则以是发展、开放"本土市场"为主,同时也支持特区香港发展人民币离岸市场,形成"中心带动周边"的开放格局。"根深才能叶茂",只有发展壮大本土债券市场,才能更好地辐射和引领离岸市场的发展,从而更好地在开放经济条件下自主进行宏观调控。

从长远来看,中国债券市场会逐步从一个国内市场发展成全球性的人民币债券市场。我希望,在"十二五"期间能就这项工作进行战略规划。

债券时间:目前,我国采取中央代理发行的方式发行地方政府债券,同时正在研究探索地方政府自主发行债券的可行性。您认为从中央代发过渡到地方自主发行需要解决哪些方面的问题?

刘成相:从中央政府代发过渡到地方政府自主发债,我认为,至少需要解决三个方面的问题:

一是要修订预算法,适应常态化发债需要。2009、2010这两年,我国共计发行了4000亿元的地方政府债,都是经国务院同意、人代会通过的,但毕竟这只是金融危机背景下的临时性程序。将来地方发债可能成为常态,通过修订预算法,可以为建立地方发债经常性机制提供可能,使其有法可依。当然具体修法时，不仅要明确地方自主发债这一内容，而且要明确中央财政不买单。地方政府作为发债人，发债权与偿还义务要对称。

二是有效使用。要把钱真正花在刀刃上，举债资金侧重用于关乎本地区国计民生的项目上，如基础设施建设等，使这些项目有利于本地区经济的发展，从而建立一个良性循环机制。

三是强化约束。中央政府应加强督导；省级人大要对举债订立地方性法规，建立对地方政府举债、使用、偿还全过程的约束机制；地方人大要全程监督，并建立责任追究机制。同时，要建立完善举债地方的财务信息披露制度，以利于市场约束。

债券时间：2010年，上市商业银行被允许重返交易所债券市场，请问您如何看待这一问题？

刘成相：中国债券市场主要由两部分共同组成，一个是银行间债券市场，是场外市场；另一个是交易所债券市场。二者分别占债市总规模的95%和5%。这种市场格局符合国际债券市场的发展规律，在发达国家市场可以找到很多例子，比如，美国场外市场占债市总规模的95%以上，日本占99%以上，法国、德国、意大利等国也都占90%以上。形成这种格局不是偶然的，因为场外模式更能适应机构间大宗交易的需要，更能适应它们流动性管理的需要。

去年，上市银行重返交易所债券市场开始试点，两个子市场的参与主体已趋于一致。目前，银行间市场和交易所市场各有一家托管结算机构，投资人要参与两个子市场，可分别在中央国债登记结算公司和中国证券登记结算公司开立债券账户，两个公司之间可以办理转托管服务，这样就使投资人的债券可以从他的一个账户转到另一账户,进行跨市场的投资运作。

国际上,一国市场联通的一般做法是对债券进行统一托管,托管机构可以与多个市场连接,这样,投资人使用一个债券托管账户就可以同时参与不同子市场的运作。这样一种安排,可以更好地解决市场统一互联问题,使两个市场更加协调、高效地发展。从我国的情况看,通过努力,在技术和业务方面完全能够实现这一目标。

债券时间:债券市场相对于股票市场而言更加专业化,而且主要面向机构投资者,因此对大多数老百姓来说比较陌生,那么通过什么样的方式和渠道可以让普通投资人也参与到债券市场中来呢?

刘成相:目前,老百姓通过银行柜台和交易所,已经可以购买国债和部分企业债券。大家现在关心的是银行间市场,老百姓有没有可能也参与。如果说银行间市场都是银行这一类机构投资者,那这个市场的发展是不完整的。社会闲散资金怎样加入这个市场中来,这是我们应该研究思考的问题。

我想,老百姓参与这个市场还是有渠道的。一个是通过债券投资基金间接参与,这也是发达国家老百姓买债券的主要方式。实际上,发达国家债券基金的规模远远大于股票基金。我们现在也有债券基金,而且也都在银行间市场进行债券投资,所以老百姓和银行间市场之间的间接投资渠道应该说已经初步形成了,但规模还不够大,宣传力度也需要进一步加强。

另一个渠道就是通过商业银行柜台购买债券。柜台市场是银行间市场的延伸,它们之间是联通的。过去几年,中央国债登记结算公司与商业银行合作,建立了覆盖全国40家银行、8万个网点的柜台零售网络,这个网络的中心系统由我们公司运营,这是一个很规范、安全、便利的零售网络体系。今后,可以逐步把一些高信用等级的信用债也拿到柜台市场上来,让更多品种的债券“飞入寻常百姓家”。

此外,随着计算机网络日益普及,还可以发展面向老百姓的债券直销服务,为老百姓提供更方便、更低成本的网上债券投资渠道,发达国家也有这方面的成熟做法。

债券时间:在中央发布的《中共中央关于制定国民经济和社会发展第十二个五年规划的建议》中,明确要求“加快多层次资本市场体系建设,显著提高直接融资比重,积极发展债券市场”。您认为在“十二五”期间,债券市场将会迎来一个怎样的发展?

刘成相:从总量来看,目前我国债券市场规模占GDP的52%,相对于美国等发达国家超过200%的比例和韩国、马来西亚、新加坡等亚洲新兴市场80%的比例而言,还有很大的发展空间。按照近几年债券市场规模百分之十几的增速,预计到“十二五”结束,这个比重将达到60%~70%。从直接融资的结构看,债券市场已经超过股票市场,但是与国际水平相比,还远远不够,将来在直接融资中的比重也会进一步提高。

需要特别指出的是,作为发展中国家,我们的债券市场具有自身特点,在很多方面与其他国家不能简单类比。发展过程中要立足国情,兼顾速度与质量,在总量增长的前提下,注意对结构的把握和对系统性风险的防范,从而走得又快又稳。

债券时间:在“十二五”期间,为配合国家发展债券市场的战略,中央结算公司在促进债券市场发展方面还将做哪些努力?

刘成相:邓小平同志早就说过:“金融是现代经济的核心。”通过这些年的实践,我体会,债券市场在金融体系中又是处于一个核心的位置,而登记结算机构则是债券市场运转的核心基础设施。

我个人认为,在“十二五”期间,债券市场的建设发展应当上升为国家战略,中央结算公司作为债券市场的一枚重要棋子,也应该有一个高层次的战略。面对机遇和挑战,我们深感责任重大、使命光荣、任重道远。我们将以科学发展观为指导,以国际结算标准为参考,抓住“十二五”这一重要发展机遇,夯实核心能力,支持金融创新,促进对外开放,推动公司健康发展,为债券市场的发展贡献自己的力量。具体可从以下几方面布局:

一是继续打造安全、高效的中国债券市场基础设施。这里面包括:加强技术设施建设,保证系统运行安全;巩固中央托管体系,支持市场统一互联;完善结算机制,确保安全与效率。

二是促进金融创新,深化风险管理。为债券发行和公开市场操作提供更好的服务;建立集中化、自动化的担保品管理系统;促进债券的零售市场体系发展等。

三是提供利率参考基准,帮助投资者更好地控制风险。我公司经过十多年努力打造的收益率曲线和估值产品已经得到了市场的广泛应用和认可。“十二五”期间,我们要把这些信息产品做得更深更细,为投资人的投资决策和风险管理提供帮助。

四是支持债券市场国际化进程。一方面我们要使自己达到国际标准,另一方面我们要为债券市场国际化发展提供支持,促进我国债券市场成为区域债券市场中心和人民币债券市场中心。

(“债券时间”栏目简介:“债券时间”是中国唯一一档以固定收益市场作为主要内容的专业财经电视节目,在新华社电视台财经频道、甘肃卫视等多家电视台播出,节目视频在新华网、新华08网站、中国债券信息网等多家网站播发,节目文字内容发《新华社经济分析报告》。节目网址:www.xinhuanet.com/video/xh08/zqsj.htm)

(本文原载于《中国债券》2011年3月刊)

坚持市场化方向推动债券市场发展

霍颖励

债券市场是资本市场的重要组成部分，是实现资金合理配置保证债务工具合理定价的重要场所。国内外经验表明，在推动债券市场发展，特别是公司类信用债市场健康发展的过程中，要遵循市场化规律，充分发挥市场化的约束和激励机制作用，尽量减少不必要的行政管制。近年来，人民银行等管理部门按照中央有关进一步健全社会主义市场经济体制、推动金融市场发展的要求，总结经验教训，转变工作理念，改进管理体制，特别是公司信用类债的准入管理机制，同时注重建立与完善信息披露、信用评级等市场约束机制，使市场机制和行业自律功能开始发挥作用，我国债券市场走上了快速发展的道路。

坚持市场化方向，要尽量减少行政管制，增加市场活力。如果管理部门行政管制过度，就会导致发行门槛过高，抑制市场有效供求，同时投资人也会自觉不自觉地依靠监管部门来把信用关、风险关，削弱市场参与人自主参与市场监督的动力，加剧逆向选择和道德风险问题。反之，通过充

本文作者时任中国人民银行金融市场司副司长。

分发挥信息披露、信用评级等市场化约束机制作用，强调投资风险由投资人自行判断、自行承担，不仅可以有效消除发行人和投资人之间的信息不对称，增强市场透明度，还有助于降低市场交易成本，实现市场有效定价，保证资金合理配置，增加市场活力。

近年来，放松行政管制、完善市场机制成为我国债券市场管理体制完善的一个显著特征。超短期融资券、短期融资券、中期票据等准入管理实行了备案制，同时注重发挥信息披露、信用评级等市场约束机制的作用。金融债券、企业债券和公司债券也先后实现了核准制。行政管制减少，市场活力增加，行业自律开始发挥作用。企业能不能发债、能发多少债、以什么价格发债，都更多交给市场去决定，有效避免了过去一管就死、一放就乱的困境，也为各类创新创造了条件。

坚持市场化方向，要增强市场透明度，建立起有效的风险定价和市场约束机制。信用类债券的违约风险客观存在，解决好风险的识别和定价问题是形成市场硬约束，推动信用类债券发展的关键。信息披露、信用评级等市场化约束机制能有效地解决上述问题。通过建立真实、准确、完整、及时的信息披露制度，使投资者较为容易地获得和分析与发行人有关的各种信息，最大限度地减少信息不对称，一方面可以增强市场投资者对市场的理解和信心，有效保护投资者，提高市场的透明度和运行效率，另一方面可以为投资者债券风险定价提供较为充分的信息，有助于揭示各种风险，形成合理的风险溢价。

银行间债券市场建立以来，人民银行等管理部门通过信息披露、信用评级等制度建设，形成了较为完善的信息披露体系，保证了市场的公开透明，为债券市场投资者进行风险识别和有效定价创造了基本条件，也为市场约束与激励机制发挥作用提供了基本保障。在信息披露方面,强调发行人信息披露,明确发行时、存续期、重大事项临时公告等信息披露要求,确保投资者能够及时、完整、准确地获得相关信息。例如,无论对于金融债券还是非金融企业债务融资工具,发行时,发行人要公布财务报告、募集说明书等债券存续期间,发行人要定期披露主要财务报表等信息和经营情况;当发行人发生生产经营重大变化时,要进行重大事项公告,对信息披露的格式、程序、发布平台等也都有细致严格的要求。融资双方根据发行人的财务状况、资金用途、偿债能力、信用水平等来确定债券发行价格,发行人披露信息充分,信用状况和财务水平好,就能更加顺利完成债券发行,相应的,债券利率也会比较合理。此外,从国际经验来看,尽管存在各种有待完善的地方,信用衍生产品仍然是分散和转移信用风险、完善信用风险定价机制的一项重要安排。银行间债券市场顺应市场发展的客观要求,在充分吸取国际金融危机教训的基础上,也在近期推出了结构相对简单、标的债务相对明确的信用风险缓释工具,为丰富投资主体的信用风险管理手段进行了有益尝试。

坚持市场化方向,要促进市场中介机构各司其职、各尽其责,充分发挥其作用。如前所言,市场化约束与激励机制作用的发挥关键在于信息披露机制作用的发挥,而信息披露机制作用的发挥在很大程度上取决于市场各中介机构能否各司其职、各尽其责。此次金融危机以来,信用评级机构的评级水平、方法和机制等均受到了广泛质疑,各国也纷纷开始着手研究如何减少信用评级依赖等问题,但也要看到,评级机构根据自身专业化信息搜集和评估所做的评级结果还是可以为市场投资者,尤其是中小投资者判断风险状况、确定债券价格提供参考依据的,大型投资者也可将其与自己的内部评级相互印证，有利于降低信息成本，提高市场效率。同样，会计师事务所、律师事务所、主承销商也是信息披露机制链条上不可缺少的必要环节，任何一个环节的缺失都很可能会降低信息披露的可靠性，不利于防范风险和投资者利益的保护。会计师事务所出具的审计报告是投资人掌握发行主体财务信息真实性、了解其财务风险状况的最直接渠道，透过会计师事务所的专业审计视角，发行人财务信息准确度、可信度得以增强；律师事务所通过对发行人的主体资格及实质条件进行审核，并对发行主体的相关法律文本有效性提出结论，避免发行人不合规行为的发生；承销商承担着维护市场公信力的重要责任和义务，通过对发行主体的尽职调查和持续关注及督促，起到保护投资者、特别是中小投资者利益的作用。

近年来，人民银行等管理部门在推动债券市场发展及产品创新过程中，都在法律法规上对评级机构、会计师事务所、律师事务所、信用评级机构、承销商等提出明确要求，要求中介机构提供的信息公正、客观、真实。目前，对债券市场非主权类发行主体，在公开发行时须进行信用评级，在债券存续期内跟踪评级；对于提供专业服务的中介机构，要求其按照本行业公认的业务标准和道德规范，出具有关专业报告和意见，并同时出具承诺函，确认履行其应尽义务。通过不断规范和充分发挥各类中介机构作用，债券市场信息质量得到保证，市场透明度进一步提高。

坚持市场化方向，要不断完善监管，守住防范化解风险的生命线。减少行政管制和加强监管是辩证统一的，监管的一个重要任务是保证市场化机制能够真正发挥约束的作用。为此，监管要为市场创造公开透明的运行环境，并使违法违规行为受到惩处，同时发挥市场参与各方博弈和制衡的力量。为保证市场风险识别和分担机制发挥应有作用,使各中介机构能各司其职,管理部门需要不断完善和加强监管。因为有时发行人为获得更好的融资条件,会倾向打法律法规的擦边球,隐瞒或延迟披露真实情况。市场中介机构也可能因为执业能力、利益动机、责任推诿等原因,未能在监督和制约发行人方面充分发挥作用。为尽量减少此类情况发生,人民银行等监管部门一方面不断严格信息披露的各项要求,采取措施促进中介机构合规适度竞争,规范市场中介机构的业务行为;另一方面,对发行人、投资人或中介机构的违法违规行为一旦发现即严格依法处罚,通过奖优罚劣,提升市场主体的守法意识和职业操守。

总之,在推动债券市场发展的过程中,人民银行会同有关部门始终坚持减少行政管制、建立市场化约束与风险分担机制的思路,做到该放的坚决放开、该管的切实管好,守住风险底线。从实际效果看,近年来,我国债券市场特别是公司信用类债券市场健康快速发展,市场规模不断扩大,市场功能日益提升,有效推动了社会融资总量的合理增长,满足了企业直接融资的需求,有力地支持了实体经济的发展。

(本文原载于《中国债券》2012 年 5 月刊)

完善定价机制　防范金融风险

——金融工具第三方估值机制初探

王平

2007年美国爆发的次贷危机，从波及范围到影响深度均是历史罕见的。危机过后，全球各方面专家在对危机的反思中做了诸多的原因分析，诸如宏观方面的政策失当、市场监管不力、评级机构未尽职、经理人的职业道德缺失、金融工具过度创新等等。毋庸置疑，原因的确是多方面的。但我认为，对现行金融运行机制层面的反思在深度上还有所欠缺，而机制性的影响却是更为深刻而久远的。在工作实践中我们感到，现行金融资产定价机制存在着重大缺陷，而这应该是造成此次危机的一个重要因素，甚至是一个关键因素。本文就所存在的问题及完善对策做了一些探讨，希望能引起相关方面的关注，并在未来金融改革与发展中着力加强机制创新，增强金融体系的自我免疫力，及时防范和化解风险，以保持金融的长期稳定和可持续发展。

本文作者时任中央国债登记结算有限责任公司副总经理。

金融资产定价机制缺陷分析

传统经济学认为市场是有效的,经济学范畴内的理性人能够获得理性定价所需的所有信息,且可以据此持续做出理性的定价决策。但同时,相关理论也认为,信息的不对称会引发道德风险。实践证明,在当代金融领域中,由于机制的不完备、信息的不对称性普遍存在,至少在信息处理能力上,委托人(金融机构的股东和客户)和代理人(金融机构经理层)之间存在严重的不匹配。出于对其职业能力和德行的信任,委托人将自己的资产交付给代理人管理,代理人按年度取得相应报酬。同时,出于职责需要,代理人掌管着资产的定价权,其年度报酬水平与其资产管理的业绩紧密挂钩。在这种机制下,代理人客观上具有放大收益或隐瞒损失与风险的动机和条件。由于专业知识的欠缺和信息的不对称,委托人无法对资产价格的合理性作出判断,特别是复杂产品及缺失市场合理价格资产品种的价格。会计事务所和评级机构给出的公开意见往往是阶段性的且难以足够精准。在不发生无法承受压力的情况下,价格被高估的资产会给委托人带来当期的收益,风险也可能在持续经营中逐步化解。但如果情况相反,如流动性出现问题,资产价格被持续高估的风险就会暴露,委托人面临的损失可能不仅是赔光以前的所有收益,甚至是血本无归,而受托人的损失可能只是当期收入。次贷危机已经证明,这里显然有重大的道德风险隐患,代理人的资产定价权缺乏有效的约束和监督是危机产生的根源之一。

与过去相比,当代金融市场具有三个明显特点,一是全球化,一款产品的投资者可遍布全世界。二是增长快、规模大。据国际清算银行(BIS)

统计，全球金融市场的规模2000年是160万亿美元，到2005年就超过了400万亿美元，约为当年全球国民生产总值的10倍。三是金融产品的结构越来越复杂。各种基础产品、衍生产品的纵横连接日益繁复，风险与收益、权利与义务的拆分组合变化万千，产品创新速度令人目不暇接。这些新变化使金融资源的配置效率得到了前所未有的提高，但另一方面，它也演化成了一头庞然怪兽，一旦恶性发作会迅速席卷全球，并吞噬掉数量空前的金融资产。当代金融市场的这些新特点进一步加剧了委托人与代理人之间信息的不对称，权利、利益更加失衡，在这头怪兽面前委托人显得更加弱势和渺小。

在现行制度中，独立的会计、审计和评级机构在提高金融市场透明度，保护投资人利益方面发挥了重要作用。但屡屡发生的事件与危机证明，这些制度安排的有效性不足，一是报告仍流于宽泛，且周期较长，二是这些机构与代理人之间利益直接相关且过于紧密。因而，应对现有机制进行有效的完善创新，否则可能会是两个结果——或者大幅度降低当代金融市场的效率，或者准备迎接更严重的金融危机。

建立独立第三方估值机制的必要性及可行性

金融产品的定价与估值是金融市场运行中的关键环节，或者说是这头庞然怪兽的“牛鼻子”。因此，要想有效驾驭它，需要在这一关键环节上采取措施，目标是创新机制以提高金融工具估值定价的公允性和透明度，以便于利益相关方，如委托人进行监督，相当于给“牛鼻子”系上缰绳。

建立独立的第三方估值机制应该是解决问题的有效手段。类似于会计、审计事务所和评级公司，设立专业的估值服务机构，职责是对市价缺失或定价较难的可流通金融工具依据各类信息和模型独立计算估值并每日向市场发布。该机构不参与市场交易活动,严格保持中立,估值以客观合理为原则,估值质量及可靠性随时接受来自利益冲突的买卖双方的评价和检验,并面向市场所有机构参与者(主要是代理人)按照统一标准收费。估值机构应披露其估值标准、方法及每日的估值依据,保持充分的透明度供市场评判,并接受政府部门的监管。同时,需要在相关法律法规中明确,第三方估值是公允价值的重要来源,但机构参与者可以不直接采用,不过应在其定期披露的信息中说明所用估值与第三方估值的差异情况。

在这样一个机制中,第三方估值机构不受利益左右,只对估值质量负责,并随时处于不同利益诉求各相关方的监督之下,相当于给市场提供一个公平秤。对委托人来说,得到了与代理人对话或质询的依据,心中有了底;对代理人来说,其受托管理资产的公允性和透明度有了很大改善,更易得到委托人的信任,以获得更多资本金和客户,而且提高了内部管理的有效性,促进理性化。长远看,这对双方都是有利的。建立第三方估值制度可以实现对当代金融市场的合理约束,促进安全与效率的同步提高,是对现有会计、审计及评级制度的深化和细化,相互之间的信息可以互补互用,相互印证,共同提高,从而在保护投资人及稳定金融市场方面发挥出更为有效的作用。

但是,第三方估值的最大受益人毕竟是资产的委托人,而直接使用者是各类金融机构管理层,即代理人。后者掌控着选择权,理论上会以“对己有利”的原则来决定选择或不选择使用第三方估值。从机构内部风险管理角度看,一方面他们需要以第三方估值作为对比标准来更好地识别和计量市场风险，另一方面又不希望揭示得过于公开和充分或与自己的预期差别过大，存在着潜在的抵制心理。因而，这项创新需要通过政府和法律层面的推动才有可能有效实现。

国内外第三方估值的实践

强力推行第三方估值的实践是率先在亚洲地区的债券市场开始的。1998年亚洲金融危机过后，亚洲许多国家和地区的政府意识到，建立一个高流动性、稳定的本地债券市场是抵御金融危机的一个重要举措，因此纷纷着手强化债券市场的建设。为了提高债券市场的定价效率，一些国家相继建立了第三方估值机构，并做出了相应的制度安排。韩国政府于2000年设立债券定价机构体系（Bond Pricing Agent System），要求所有的投资信托和资产管理公司从2001年9月份开始使用韩国金融管理委员会（Financial Supervisory Commission）所指定3家专业机构的债券估值。2004年，马来西亚成立了估值公司，是马来西亚证监会唯一指定的债券估值提供商。2005年，为满足国际会计准则IAS32和IAS39关于公允价值的要求，菲律宾央行颁布了债券和股票的盯市（Mark-to-Market）标准。根据该标准，本币债券每天的参考价格由菲律宾银行业协会认可的一家计算机构（Calculation Agent）发布。2006年，泰国证监会指定iBond作为唯一的债券参考价格提供商，并要求所有基金管理公司使用iBond债券参考价格进行会计核算和风险管理。

以上几个国家的第三方估值发展模式，有以下几个特点。首先是由政府指定本土的第三方估值机构提供债券公允估值。目的一方面在于以公允透明的价格提高债务工具逐日盯市的合理性，在维持市场效率的同时防范新兴市场中普遍严重存在的道德风险;另一方面还在于掌控住本币的定价权。其次,合格的第三方估值受到政府的唯一指定。我们看到,在韩国之后建立这一制度的马来西亚、菲律宾和泰国,都指定了境内唯一一家专业估值机构,主要是为了保持估值计算方法和口径一致,给市场一把统一的尺子来衡量风险与业绩,也可避免第三方估值机构之间发生恶性竞争而迎合大用户要求,造成估值质量的下降。第三,韩国、马来西亚和菲律宾都建立了相应标准,以约束第三方估值机构。

在欧美金融市场体系中,独立第三方估值机构早已存在,但主要是为金融机构解决技术问题,并不是作为一种制衡力量发挥作用,政府监管部门及法律对此均无管理要求,属于纯粹的商业行为。美国次贷衍生产品等有毒资产价格能在相当长时间内被高估,评级机构有责任,估值机构未能发挥应有作用也是原因之一,定价权被产品设计者们牢牢控制,其他方面的发言权被剥夺了。

我国债券市场第三方估值业务的出现应以中央国债登记结算有限责任公司(简称中央结算公司)2002 年推出估值业务为标志。自 1999 年开始,中央结算公司依托 IT 支持,积累整合相关原始数据,经持续十几年的深度研发和维护整理,目前已形成由中债收益率曲线、中债估值、中债指数、中债 VaR 等一系列债市价格与风险指标组成的中债价格指标系。这一指标系在编制水平和内容、发布频率及渠道等方面已达到或接近国际同行业水平,得到了国内相关政府部门和市场参与者的广泛接受和深度应用。从实践效果来看,这套指标数据及时完整地反映了债市现状及其对经济金融变化的预期,促进了投资者交易定价的理性化,为机构管理债券投资在内部风控、会计计量及业绩考核等方面提供了多层次的支持,同时也明显提高了相关外部监管的有效性，并有力配合了国内新巴塞尔协议和新会计准则的实施。现在看起来，这套指标适应了国内各方面管理债券市场与债券投资的需要，因而获得了政策与市场的关注与接受，但目前在制度与法规层面尚未有明确安排，在这个层面以及认识上与上述亚洲另外几个国家比较，还存在较大差距。

建立第三方估值制度可有效完善金融产品的定价机制，是金融市场运行与管理机制的重要创新，从理论和实践两方面来看均具有很强的必要性及可行性，对于一国金融市场的健康运行和可持续发展具有深远意义，建议相关方面对此给予充分的重视并下决心研究推动。

（本文原载于《中国债券》2012年5月刊）

中国证券市场的制度创新与深化改革

王元龙

20 多年来，中国证券市场的发展成绩斐然，为中国经济的改革与发展作出了巨大贡献。毫无疑问，在中国实施“十二五”发展规划，推动经济转型的关键时期，证券市场仍将扮演极其重要的角色。

但迄今为止，中国证券市场仍存在着金融产品单一，证券机构业务模式同质化、财务欠稳健，上市公司和发债企业治理结构不健全，投资者保护不足等制度层面的问题。

国际经验与中国的实践表明，证券市场的健康发展，需要一个良好的制度框架与有效的监管模式。如果协同性的制度建设不到位，而只是局部推进，就会是头痛医头、脚痛医脚，这种改革只会事倍功半。改变市场监管的理念与制度，应成为中国未来 5 至 10 年证券市场改革与发展的重头戏。

本文作者时任国际金融论坛副秘书长。

中国证券市场的制度创新

（一）证券市场发展呼唤制度创新

中国证券市场存在的问题，在不同时期表现不同，其重要性也不同。当前中国证券市场正处于低迷时期，其实这是进行证券市场制度创新的最佳时期。在这个时期，制度创新对市场波动性的影响最小。

证券市场是制度、信息和技术这三个要素的集合体，全球各国的证券市场也都如此。无论是美国、欧洲，还是其他国家或地区的证券市场，都处在不断的制度创新和演化过程中，没有一个证券市场的制度是十全十美的。所以，中国的证券市场也应与时俱进，不断完善。信息是证券市场的核心，也是在保护投资者过程中最关键的要素。现在已经进入互联网时代、云计算时代，这些技术的变化，对证券市场将产生根本性的改革。

金融市场的参与者进行创新，其价值在于使金融市场达到很好的平衡。这将使监管者拥有工具、框架以及激励措施，来更好地了解和管理风险。

（二）证券市场制度创新的核心内容

证券市场制度创新的核心内容包括四个方面：

第一，保护投资者。如果证券市场的制度让投资者感觉到不受保护，或者说保护的程度低，那么投资者肯定会有怨言。这一点与投资者在证券市场上赚多少钱，或者说盈利多少，并非正相关关系。证券市场不是为某一个投资者盈利服务，而是为保护投资者的公共利益服务。

第二，约束募资人。谁在证券市场上融资，谁就要受到最大的约束，而且这个约束有多严格都不过分。

第三,规范中介者。谁把这些募资的上市公司介绍给投资者,谁就应该受到严格的规范,包括投资银行、会计师和律师。

第四,公正的交易所。交易制度本身应当是公正的。这里之所以没有提及监管机构,是因为未来监管的改革是不断市场化,将由行政监管走向市场自律规范,这是一个必须进行的过程。值得注意的是,证券监管机构近期的改革,或者说制度创新,实际上都在加快走向市场化,或者说市场驱动。就像国有资产进入产权交易所交易一样,最初人们觉得不方便,觉得有很多麻烦,但现在国有企业、国有资产不仅是在制度要求下进场交易,而且也更多的是自觉进场交易,因为这是最简捷的方式。

深化中国证券市场改革

十八大报告提出,要深化金融体制改革,健全促进宏观经济稳定、支持实体经济发展的现代金融体系,加快发展多层次资本市场。中国证券市场的改革,有两个非常重要的方面:一是如何更好地发挥证券市场中市场主体的作用,这就牵涉到要处理好政府和市场之间的关系;二是如何解决当前证券市场存在的问题,这就需要通过系统性的改革予以解决,而不是靠局部性的改革,不能通过头痛医头、脚痛医脚的方式。

(一)中国证券市场未来改革的重点

1.明确证券市场发展目标

改革开放30多年来,中国经济发展方式的典型特征或经济发展的动力,包括四个方面:首先,由重化工业带动工业化,工业化的基础是重化工业;其次,由大规模基础设施投资带动城镇化;再次,靠吸引外资拉动现代化,在吸引外资的过程中借鉴外国的经验和先进技术;最后,中国加入世贸组织以后，以出口导向融入全球化。

中国经济发展的这四大动力，导致了两个结果：一是重化工业必然是大企业、大项目、大规模的基础设施，政府则竭尽全力扶持大企业、大项目。二是政府必然依靠压抑消费来促进投资，这是传统发展模式带来的必然结果。表现在证券市场上，就是政府的价值取向是保护发行人、保护融资者，而不是保护投资者。这种价值取向体现在整个经济领域中，如在房地产市场的发展过程中，政府也是倾向于保护房地产企业，而不是保护购房者。购买大多数商品，都是看到生产出来的产品才买，而在中国买房子却是买期房，房子还没有盖出来，企业在图纸上就开始卖了，这是没有道理的，是典型的不保护消费者。

这种情况正在改变，因为传统的经济发展模式已难以持续。经济增长的动力、经济结构都在发生变化，因此要求中国证券市场要适应这种转变，尽管这种转变现还较为缓慢。

要总结中国证券市场发展的经验教训，明确证券市场发展的首要目标就是创建为一些国家利益服务的一个系统，并能够确保经济可持续发展；要实现资本分配的效率，要确保金融市场服务实体经济。

2.重新界定政府与市场的边界

重新界定政府与市场的边界是中国证券市场未来改革的重点。政府监管部门对于证券市场的微观层面，一直进行着直接、广泛、深入和具体的干预，如在证券机构与基金公司的发起、市场准入、高管人士任免、具体金融产品与业务许可等方面。政府既是金融监管者，又是大型金融机构的所有者，在很多时候还是直接的运营者。所以中国还没有能够从直接的行政监管角色转变为一个真正超脱的、中立与专业的审慎监管者。

金融稳定是监管的首要目标。但中国证券市场是世界上波动性最高的市场之一,近五年的表现是最差的,不但没有有效地保护普通投资者的利益,反而带来了高昂的经济与社会成本。行政监管妨碍了证券市场的正常运作与市场基本功能的充分发挥,扭曲了市场参与者的行为与动机,压抑了金融创新,对于资本配置的效率产生了负面影响。

此外,在权力过大,又缺乏透明的行政监管体系中,往往容易滋生寻租与腐败,损害政府监管机构的声誉、权威和公信力。

3.证券市场服务实体经济

中国证券市场建设应服务实体经济,且需要长期坚持。具体来看需要注重三个方面的问题:

第一,要更多地服务于从计划转向市场,特别是服务于实体经济结构的调整。从宏观层面来看,要服务于经济结构调整以及提高效率,包括提高投资效率。所谓提高投资效率,就是投资者在证券市场上的投资要有回报,回报的效率要提高。目前证券市场波动较大,市场好的时候,回报比较高,市场不太好的时候,回报就比较低,甚至基本没有回报。所以,结构调整也包括给投资带来更高的效率和更好的回报。

第二,要促进经济转型和可持续发展。要让发行人或者准发行人发挥更好的作用。证券市场要考虑怎样让发行企业中产生一批真正的优秀企业,如何帮助具有创新能力的企业发展起来,如何让发行企业有更多的持续发展能力,持续给投资者提供回报。

第三,要更多地考虑社会责任问题。发行企业在承担经济发展责任,为投资者提供回报的同时,还要考虑到其所承担的社会责任,未来在这方面还需要做更多的工作。

为真正地、更好地服务实体经济，证券市场须进行系统性改革。以前的改革都是摸着石头过河，而现在到了通过顶层设计来推进改革的时候了，需要预先进行综合且详细的安排。例如，如何发挥市场经济主体的重要作用，通过完善的交易制度来提高交易效率，还包括完善在融资方面的制度安排、兼并重组方面的制度安排、分红方面的制度安排和退市方面的制度安排等。监管部门的改革，应从中国证券市场健康发展的角度来考虑，做出综合的、基础性的整体制度安排。

另外，除了上述涉及证券市场的核心制度之外，外围的制度也不可忽视，如涉及证券市场的税收制度依然存在调整空间；还有国际收支中的资本项目，以及外汇管理制度等也需进行相应的调整，从而使中国证券市场更具开放性和国际性。所有这些都需要顶层的综合设计，而远非单独地做一个改革计划就能解决，只有通过系统性改革才能完成。

（二）加强对投资者的保护

1.重塑投资者的信心与理念

中国证券市场制度改革的核心是要重塑投资者的信心，这是问题的关键。在证券市场上，重点应是保护投资者的利益，而不是保护融资者的利益。因为与融资者相比，投资者是弱者，政府的天职应该是保护弱者，而不是保护强者。

此外，投资者的投资理念或心态问题也很重要。在中国证券市场的早期阶段，投资者对于风险的承受度较低，赔钱后就去找政府。经过几十年的发展，投资者对风险的承受能力和心态都有了明显改变。

2.信息与投资者保护

信息对于保护投资者具有极其重要的作用，其核心内容是注重信息的三个重要特征。

一是信息要充分。现在为投资者提供的信息确实较为充分,但是信息充分,绝不等于信息过滥。实际上,任何一个投资者都不可能把每个发行企业或者他所投资的发行企业的年报、季报甚至是所有的披露全部看完。

二是信息要便捷。如果投资者要了解某家企业的情况,就应当能迅速地查到有关的表述,而不是自己拿一份报纸去翻看。美国的上市公司数据库是很有价值的,中国证券市场的信息披露也应建立类似的数据库,以利于投资者能够便捷地查到各方面的信息。

三是信息要真实。虚假的信息会误导投资者的投资决策,因此必须保证信息真实。

3.重视对投资者的教育

对于投资者的保护,应该是一个保护、教育和违规惩戒并重的三位一体的体系。政府及其相关机构、相关协会要加大对投资者的教育。继证监会设立投资者保护局之后,人民银行、银监会也成立了金融消费者保护局,其承担的重要职责就是建立金融消费者权益保护的申诉处理和处罚机制,加强金融消费者权益保护教育和咨询系统建设等。

专家建议,国民的金融教育应该上升为国家教育战略的一个重要方面。未来中国经济发展,金融是重要方面,投资者如果缺乏对金融的了解,就无法更好地运用证券市场和金融市场。国民受到的金融教育的素质和水平,直接影响着市场经济的素质和水平。

建立投资者教育体系,通过证券交易所、行业协会、非政府组织等来开展对投资者的教育。能否做好对投资者的教育和保护,这也事关能否在中国建立一个真正高效的证券市场。

4.保护投资者的措施

为使中国证券市场不断地健康发展，应采取的相应措施有：一是应从国家层面加大对投资者的保护，发挥相关投资者保护机构的作用。例如，加拿大金融监管者要推出某一项金融产品，未经加拿大金融消费者保护局同意就不能推出。投资者的利益一定有第三方中介机构对其进行保护。二是各省市金融局、金融办也应负起保护金融消费者的职能，至少应协同地方有关部门来推动对投资者的保护。三是应建立投资者保护协会或相关协会组织，以保护投资者利益。

（三）完善证券市场的监管

1.完善监管制度与治理

国际金融危机，尤其是主要西方国家金融危机的爆发，都与监管不足或是监管质量不高有关。所以，在中国证券市场的发展过程中，要吸取教训、总结经验，审视未来可能会出现的问题。

中国证券市场实行的是行政监管方式，政府对于证券市场的监管过重，这无形中增加了很多成本，如行政监管中蕴涵道德风险。因此，完善内部治理和控制同样很重要，要限制和避免内部交易的出现；需健全有效的破产法律和退市机制，一旦公司经营失败，便可按照这一机制来退出市场；要完善核算体制和会计体制，这是高效的证券市场框架的基础。

2.明确监管者的职能

在传统监管模式下，监管者实际上肩负着多种职能：一方面要监管市场的风险，另一方面又要承担行业与市场发展的责任。这两种职能在很多时候存在利益冲突。另外，对监管部门在风险管控方面的要求过高，一旦发生问题,所有的风险都要由监管部门来负责。对监管部门来说,这无疑是承担了格外沉重的责任。由于不能出问题,所以监管部门就需要采取非常严格的行政监管方式。有专家认为,现在中国证券市场似乎已经出现了恶性循环:政府与市场界限不清,导致市场扭曲,出现各种问题,然后又使得监管部门用行政手段来治理这些问题;用行政手段治理的结果,就使得这个市场更加扭曲,问题更加突出,界限更加不清。

3.提高信息透明度

提高信息披露程度是完善治理机制的题中应有之义,尤其是在规范监管者权力方面。

4.改革发行上市制度

发行上市制度改革,是中国证券市场制度改革的重要组成部分。除证券发行方面的改革,在证券公司准入、服务机构准入等方面也要推进市场化改革,准入标准进一步放宽;还要完善披露制度,进一步完善定价约束机制,加强对发行定价的监管等。

5.改革退市制度

长期以来,中国证券市场退市制度缺失,“有进无出”成为市场的常态,导致证券市场资源配置功能严重扭曲。尽管当前退出问题正在解决,但是制度建设相对较为薄弱。完善退市方案,可更好地清理市场中的垃圾产品,为投资者提供更为健康的投资环境,有利于提振市场信心;推进退市制度改革有利于培育市场化的交易秩序和制度规范,构建优胜劣汰的市场机制,促进中国证券市场与成熟市场的接轨。

6.加大对违规行为的处罚力度

市场监督的重点应在违规处罚方面。现在的中国证券市场是一个鱼龙混杂的市场，一些上市公司经营绩效不高，常年没有分红。尽管监管机构已进行了多项制度改革，但效果并不显著。

在违规处罚方面，要更多地使用市场的力量而不是用行政力量，可借鉴发达国家比较成功的经验。对违规处罚存在两种情况：一是主动惩戒，二是被动惩戒。前者是指要主动地惩戒那些市场扰乱者，或内幕交易者；后者是指在证券市场之外，整体金融市场之内，有一些人受到了非法集资的伤害，这些人由于对金融产品不了解，不会运用正规市场，被动地受到惩戒。

总之，中国证券市场的建设还需要一个过程，尽管现在还存在着这样那样的问题，但只要沿着正确的方向发展，进一步理清政府和市场的关系，完善相关制度，积极创新，向更加市场化的方向发展，中国的证券市场是大有希望的。

注：

1.2012年末，国际金融论坛（IFF）年会在北京举行了题为“中国证券市场面临的制度挑战与改革”的专题会议。参会专家学者有尼古拉斯·霍普（IFF学术委员、美国斯坦福大学国际发展中心主任）、胡祖六（IFF学术委员、春华资本集团主席）、温迪·多布森（IFF学术委员、加拿大多伦多罗德曼管理学院国际商业所共同所长）、赵锡军（中国人民大学财政金融学院副院长）、肖耿（经纶国际经济研究院研究总监及资深研究员）、霍学文（IFF学术委员、北京市金融局书记）、张承惠（国务院发展研究中心金融研究所所长）等。本文综述的观点是专家学者智慧的结晶。

（本文原载于《债券》2013年3月刊）

中国债券市场及托管结算基础设施建设的重要进展

白伟群

债券市场的崛起是近年来中国金融市场发展的突出现象之一，中央结算公司作为专业的债券中央托管机构，在见证中国债券市场改革发展历程的同时，也发挥了重要的基础支持作用，发展了自身的业务特色和优势。

中国债券市场发展的主要特点

（一）债券市场发展逐步成为我国金融总体战略的核心组成部分

亚洲金融危机之后，各国日益认识到发展债券市场对于金融稳定和经济增长的重要性。中国国内在宏观方面面临实施积极财政政策和完善货币调控的迫切需要，同时，在金融微观主体方面也面临银行商业化经营改革的重要任务，所有这些都需要发展一个稳健快速的债券市场。近年来，中国债券市场快速发展，重要性日益凸显。一是债券市场业务量显著增加。2002 年到 2012 年这 10 年间，债券市场余额从 2.8 万亿元迅速增加至 26.2 万亿元，年均增速达 25%；债券交易量从 14 万亿元增加至 270

本文作者时任中央结算公司副总经理。

万亿元，年均增速达35%。根据国际清算银行的统计，中国国内债券市场的规模也从世界第11位上升至第3位。2012年中国债券市场的市值首次超过股票市值。二是债券市场已成为我国宏观调控的重要载体。银行间债券市场是央行公开市场操作的场所，也是国债大规模发行的主要场所，大大提高了货币政策的调控与传导效率，支持了积极财政政策的顺利实施。三是债券市场在促进金融机构改革方面也发挥了重要作用，并成为金融机构投融资管理和流动性管理的平台。2012年，商业银行等金融机构全年累计发行各类金融债券1.6万亿元。国家开发银行主要依托债券市场筹资，成为运作良好、名副其实的债券银行，成为世界上最大的开发性金融机构，其资产总额超过世行和亚行的总和。2012年，债券占商业银行总资产的17%左右，债券业务收入为商业银行第二大收入来源，为证券公司第一大收入来源。四是未来一个时期，债券市场将在促进经济转型、支持利率市场化和人民币国际化改革方面发挥不可替代的作用。

（二）经过多年发展，中国债券市场形成了场外市场为主、场内市场为辅的债券市场格局

中国债券市场发端于场外柜台形式，1990年后交易所出现并占据主导。1997年银行间债券市场建立后，有规范的场外市场建设开始，2002年银行间市场首次取得市场主导地位。2012年，银行间债券市场发行规模、托管规模、交易规模分别约占全债券市场的97%、91%及85%。一是场外主导的这一格局符合债市发展的基本规律。债券自身的特点决定，世界各国的债券交易一般均以场外市场的形式为主。中国债券市场也不例外。其中，银行间债券市场作为场外市场，定位于合格机构投资者，具有批发市场特征，平均每笔交易额2.5亿元；交易所债券市场具有零售市场特征，平均

每笔交易额不到100万元。二是场外场内相互竞争,相互借鉴,相互补充,相互渗透的态势仍将持续,必将进一步激发中国债市的活力。

(三)债券品种日益丰富,信用债券飞速发展

一是债券品种日益丰富。中国债券市场是从1981年恢复发行国债开始的,在发展的初级阶段也主要以国债等政府信用债券为主。近年来,在传统的国债、央票、政策性金融债之外,次级债券、普通金融债券、混合资本债券和资产支持证券等品种先后涌现。二是公司信用类债券实现跨越式发展。2002年至2012年,公司信用类债券年发行量从300多亿元增加到3.6万亿元,发行比例上升到44%;托管余额从不到1000亿元增加到超过7万亿元,托管比例上升到27%。从2005年开始,债券融资在直接融资中的比重超过股票融资,并逐渐成为我国直接融资的主渠道。2012年公司信用类债券净融资规模为股票的9倍。公司信用类债券市场的发展拓宽了企业和实体经济的直接融资渠道,保持了社会融资总规模的合理增长,优化了社会融资结构,分散了高度集中于银行体系的风险,增强了整个金融体系的稳定性。三是债券交易工具创新也在推进。在现券和回购交易基础上,出现了债券借贷、债券远期等,丰富了投资者的投资运作与风险管理手段。上述创新伴随着我国评级、信息披露、投资者保护等制度的完善,表明我国多层次债券市场体系取得重要进展。

(四)机构投资者队伍壮大,市场流动性提高

一是机构投资者数量增加。2002年至2012年,在中央结算公司开户的银行间债券市场机构投资者从800家增加到1.2万家。2012年的主要变化是:地方养老金首次入市市场化运作;基金类投资者出现爆发式增长,2012年增加1101家,债券基金特别是债券指数基金加快发展。二是

随着投资者基础的扩大，投资者持有结构逐步优化。商业银行仍然是债券市场的最主要投资者，其持有比例稳中有降。2012 年商业银行持有比例为 65%，比 2011 年下降 2 个百分点。基金持有量上升 4 个百分点。三是投资者类型的多元化推动了市场流动性的提高。2012 年，国债、政策性金融债和中期票据的换手率分别达到 1.3、2.9 和 6.5 倍。

（五）债券市场开放取得突破性进展

一是允许境外机构投资银行间债券市场。2010 年 8 月，开始允许境外央行、港澳人民币清算行和人民币参加行等三类机构进入银行间债券市场投资，此后又陆续有国际金融机构、境外保险机构、RQFII、QFII 等境外机构获准进入。截至 2012 年末，共有 100 家境外机构获准进入银行间债券市场。最近又推动 QFII、RQFII 入市额度的扩大。二是推动境内机构赴境外发行人民币债券。2007 年允许境内金融机构赴港发行人民币债券以来，已有 10 家境内银行和 2 家境内企业在港发行人民币债券总计 800 亿元，财政部在香港发行人民币国债共计 570 亿元。境内机构赴港发债的主体范围与发债规模均稳步扩大。2012 年中国建设银行（伦敦）有限公司在伦敦发行境外人民币债券。三是债券市场的有序开放，有利于推动境外人民币资金的投资运用，助推人民币国际化，也有利于债券市场自身的发展成熟。未来，债券市场的对外开放程度有望进一步加深。

中央结算公司的市场作用和主要进展

在债券市场发展过程中，中央托管机构发挥着独特的作用。债券中央托管机构是金融市场不可或缺的核心基础设施，其安全高效运行也成为金融市场成熟发达的重要标志之一。在市场日益无纸化、网络化、全球化的今天,中央托管机构正在支持市场发展和创新、监测和控制风险、保障市场运行安全和提高金融市场效率等方面发挥着越来越重要的作用。

中央结算公司经过多年努力,形成了具有自身特色和优势的服务模式。

(一)发行、登记、托管、结算、兑付功能一体化

这一模式满足了债券生命周期全过程的处理需求,顺应了新兴市场对集中处理的客观需要,有利于发挥中央托管机构的规模经济和范围经济。多年来这套模式运行良好,得到市场成员认可。2012 年主要业务指标实现平稳增长。全年支持发行各类债券约 5.87 万亿元,扣除受货币政策影响波动较大的央票后,同比增长 6.2%,约占债券市场发行总量的 68%;债券托管余额为 23.76 万亿元,同比增长 11.2%,占全市场的 89%;办理债券结算 218 万亿元,同比增长 21.1%,占全市场的 80%;代理兑付 4.1 万亿元。截至 2012 年末,公司的机构投资者客户超过 1.2 万余户,新增债券账户数同比增长 11.2%;柜台市场开户的个人投资者突破 1000 万户。

(二)核心业务较快发展

稳步提升发行服务效能。中央结算公司从 1998 年起开始提供招标发行系统服务,支持债券无纸化、无场化远程发行,支持多样化招标中标方式,适应了大规模、高频率的发行要求,目前平均每个工作日支持发行 5 期。招标发行已成为债券发行的主流模式,不仅用于政府债券、政策性金融债,而且越来越多在信用债中应用,提高了市场透明度。

完善债券登记托管服务。中央结算公司成立后,建立了集中保管库体系,结束了当时分散托管的历史,有效维护了市场稳定和投资者权益。

以国债和政策性金融债无纸化发行为开端，到2001年全面实现债券无纸化，在较短时间内走完了发达国家几十年才完全实现的无纸化历程。按照国际公认的原则提供统一、规范的登记托管，为银行间债券市场设计了一级托管、直接持有为主的透明账户体系，实践证明这是安全、适当的选择。实现发行、登记一体化，履行法定证券的物权登记职责，提高了安全性和效率。依托一级托管、直接持有，为发行人提供代理还本付息服务。

满足高效、安全的交易结算需求。公司的债券系统与央行大额支付系统联网，实现了多渠道的券款对付（DVP）结算机制。该机制适合场外市场结算特点，使用央行货币，进行实时全额DVP结算，其结算确定性最强。目前DVP在银行间债券市场尚未成为强制要求，但DVP结算比例不断上升。2012年全年二级市场DVP资金结算量同比增长37.9%，银行间的DVP结算比例为95%以上，全市场的DVP结算比例约为82%。

（三）增值服务不断优化

创新开展债券信息服务。为了提高债市透明度，中央结算公司为中国债市创建了最早的信息网站——中国债券信息网，现已成为银行间债券市场的重要信息披露平台。形成了债券收益率曲线、估值、指数等中债价格指标体系。该体系曾获中国金融科技二等奖，被财政部、央行、银监会、证监会、保监会等监管部门采用，被市场机构广泛使用，市场覆盖率达90%以上。截至2012年底，已有200多只基金使用中债指数作为业绩基准，部分指数已成为基金产品的投资跟踪标的。实践表明，作为托管结算机构，中央结算公司具有中立性和拥有参与者的债券投资组合数据等天然优势，可保证公允性和提高个性化程度。建立债券价格指标体系，为市场参与者进行市场风险管理、业绩评估提供了便利条件，也为监管者提供了有力工具,促进了债券市场的精细化管理。

债券担保品管理取得突破性进展。债券因价格波动小、流动性好,是最佳的金融担保品。进入 21 世纪以来,全球金融市场复杂程度加深,监管要求越来越严格,担保品的管理变得复杂而重要。去年欧美市场发生了“担保品风暴”,实质是金融危机后市场对担保品依赖加强和合格担保品减少之间的矛盾。优质的担保品成为稀缺资源。曾经有一家优秀的国际同业 CSD(中央托管机构)说过:“金融市场的未来属于担保品的管理者和交易者”,我们深表同意。中国市场担保品供应充足,但使用不足。我们有 8 万亿元主权债、8 万亿元金融债、4 万亿元 AAA 级公司信用债,这些都是优质的担保品。但是中国的场内市场,包括股票和衍生品市场,主要用现金作为保证金;场外市场的回购交易中,经常出现债券担保品不足额的情况。因此我们认为,为金融市场提供第三方的安全高效、集中自动的债券担保品管理服务,是债券 CSD 重要的发展方向和责任。顺应这一潮流,中央结算公司积极跟进,充分借鉴国际实践经验,并与中国实际相结合,于 2011 年正式推出集中化、自动化、专业化的担保品管理系统。该系统涵盖了担保品管理的全流程服务,实现以下业务功能:质押资产池管理、自动选券;担保品的估值盯市,自动进行担保品追加/返还/替换或者提示成员操作;自动完成担保品收益分配;担保品处置;灵活的查询对账等。该系统有两个方面的核心优势:一是公司 10 年研发的第三方债券公允价值,深受监管部门和市场认可,成为担保品风险管理的基础;二是灵活的参数设计,可拓展性强,能适应多种市场创新;在中国债券市场加快开放的背景下,我们关注与国际同业合作,发展跨境担保品管理,为国际投资者进入中国市场和中国投资者进入国际市场提供服务。

（四）推动实施国际化战略

为顺应债券市场开放趋势，达成建设国际领先托管机构的愿景，中央结算公司加大了推进国际化的力度。深入研究人民币国际化背景下的中国债券市场改革发展；研究债市开放应对措施和境外机构入市服务措施；开展离岸债券市场调研，推动境内市场和离岸市场的协调发展；为世界银行技援项目"建立完善的中国国债二级市场"提供咨询，建议未来10年国债市场发展的路线图。

跟踪研究国际标准，参与标准化工作。公司参与了由国际货币基金组织和世界银行联合开展的金融稳定评估（FSAP），获得良好评价，体现了公司多年来业务发展创新的成果，并公开披露达标情况。持续参与亚洲债市论坛，参与论证提出亚洲技术和规则标准的可行性。持续跟踪和研究国际金融基础设施标准。研究跨境业务直联和通信标准兼容问题。

深化国际化战略的目标路径。在国际业务方面，我们根据债市的开放进程，不断完善面向境外投资者的服务。初步开辟了内地与境外债市的通道，与香港金管局和明讯合作，为境内机构投资境外债券提供跨境结算服务。下一步，我们将积极推进国际化战略：以开放为依托，根据中国债券市场开放进程，适时拓展国际服务的领域；以交流为先导，通过多边和双边机制，了解国际同业做法和动态，了解潜在的国际客户需求；以服务为中心，扎实推进跨境发行、跨境结算、跨境担保品管理等三条主线，逐步推动国际服务升级；以合作为动力，整合外部联系网络（如代理行、境外托管机构、国际信息商等中介），与市场机构共同成长，实现互利共赢。

（本文原载于《债券》2013年6月刊）

美国市政债务管理与市场之考察、体会及启示

周成跃　韦士歌

摘　要：本文首先介绍加州政府债务管理的集中化和纽约市政府债务管理的分散化特征，其次概述美国市政债券市场运行碎片化和公开化现象，最后概括美国市政债务管理"正周期"特点和债券市场"当地化"特点之体会，并提出"开好"我国地方政府债务管理"正门"和建立完善地方政府举债筹资机制的几点启示。

关键词：美国市政债务　地方债务　债务管理　国外经验

我们通常所说的地方政府债务，在美国被称为"州和地方政府债务"，从债券市场角度又称为"市政债务"。美国州和地方政府债务，并非只有州和地方政府财政部门才能举借。实际上，各级各类筹资平台多种多样，2011年末债券发行人接近44000家。州和地方政府债务绝大多数是以债券为载体，鉴于资金主要用于各类大中小城市公共服务设施方面的资本项目建设，州和地方政府债券常被投资者称为"市政债券"（Municipal Se-

---

本文作者周成跃时任财政部国库司副司长；韦士歌时任财政部国库司国债管理处处长。

curities)。2011年末美国市政债券余额3.74万亿美元，在美国债券市场总额中占10%左右，居于国债市场(28%)、公司债券市场(23%)和按揭债券市场(22%)之后，规模不大；平均每只债券余额大约300万美元，远远不足1亿美元，流通筹码明显偏少。

美国市政债务管理：集中化或分散化

(一)加州政府市政债务管理

加州政府不仅是美国市政债券市场上规模最大的州级政府债务管理主体，而且在所有债务管理主体中也是规模最大的债务管理主体，是集中管理政府债务的典型代表。其中，加州政府债务仅指加州州本级政府债务，不包括加州以下县市及乡镇等地方政府债务。事实上，县市政府及乡镇政府均是独立的债务管理主体，单从债券市场角度来看并不从属于加州政府。比如，目前洛杉矶市政府一般责任债券的信用评级明显高于加州政府一般责任债券。

加州政府债务主要由以下五类债券构成：(1)一般责任债券(GOBs)，需由全州选民在大选中简单多数票通过，资金用于基础设施建设项目，2013年2月初余额729亿美元。(2)租赁收益债券(LRBs)，需由州议会和州长批准，资金用于高教设施、监狱及州政府办公场所的租赁，2013年2月初余额117亿美元。(3)收入预测债券(RANs)，在州议会批准预算后即可发行，必须在财政年度结束之前到期，属于短期债券、保证现金管理需要，2013年2月初余额100亿美元。(4)项目收益债券(SRBs)，由州政府有关筹资平台负责举借，偿债资金来自于项目本身收益，2012年12月末余额320亿美元。(5)代发收益债券(CRBs)，州政府专设筹资平台为地方政府或非政府单位代发的收益债券,偿债资金来自地方政府或非政府单位的项目本身收益,2012 年 12 月末余额 249 亿美元。

加州州库局(State Treasurer's Office)负责集中管理州本级政府债务。州库局长为民选官员,州库局设有三大职能处室:支付处、投资处和债务处,分别有 55 人、18 人和 57 人的人员编制。其中债务处集中管理政府债务,主要体现在三方面:(1)一般责任债券、租赁收益债券和收入预测债券等三类债务均由州库局负责举借和偿付。(2)一般责任债券规模较大,占政府债务总额(不含两类收益债券)的 77%,即便考虑项目收益债券因素,其占比为 58%,也明显高于其他州。(3)项目收益债券和代发收益债券的债券发行事务均由州库局统筹协调,州库局局长在众多项目收益债券和代发收益债券筹资平台机构的委员会或理事会中要么担任主席,要么是其重要成员。

2006 年以来,经加州选民投票表决同意,一般责任债券授权规模获得大幅度增加;经议会批准,租赁收益债券授权规模也有大幅度增加。这使得一般责任债务及租赁收益债务等实际余额从 2006 年 7 月初 448.5 亿美元跃升到 2013 年 2 月初 864.5 亿美元,以致一般责任债券仍有 319 亿美元授权规模尚未发行,租赁收益债券也有 72 亿美元授权规模空间。2009—2010 年一般责任债券和租赁收益债券的发行筹资总额达到 350.7 亿美元,规模之大[1] 前所未有;2011—2012 年两类债券发行筹资总额缩减到 80 亿美元,同期还发行了 58 亿美元借新还旧债券,目的是用低成本新债替换旧债,节约利息支出。

2011 年加州政府偿债率为 7.9%,债务余额占居民收入的 6.0%,债务余额占州 GDP 的 5.07%,人均债务余额 2559 美元。在美国人口最多的

10 个州中，加州政府债务指标仅比纽约州稍好一些，但债券信用评级要差于纽约州。

（二）纽约市政府市政债务管理

就美国县市级政府债务管理而言，纽约市政府是市政债券市场上规模最大的债务管理主体，而在所有债务管理主体中其规模也仅仅小于加州政府，比纽约州本级政府债务的规模还要大。在州和地方政府债务管理主体中，纽约市政府是积极运用筹资平台即分散管理政府债务的典型代表。纽约市是市政债券市场上最早的发债主体。1812 年纽约市政府为修建运河发行了美国历史上最早的市政债券，也是最早的一般责任债券。

纽约市政府债务不仅规模很大，而且结构复杂，表现为主要依靠设立筹资平台公司发行债券为资本项目筹资。2012 年 6 月末市政府债务余额 771.9 亿美元，其中一般责任债务 422.9 亿美元，占 54.8%，其他四类债务均为筹资平台举借。其一，教育筹资平台债务 262.7 亿美元，占 34%，包括用个人所得税偿付的债务 209.6 亿美元和州教育补助偿付的债务 53.1 亿美元。教育筹资平台债券被三家评级公司评为 Aaa、AAA、AAA 的最高级别，高于一般责任债券 Aa2、AA、AA 评级。其二，烟草筹资平台收益债券化债务 12.5 亿美元。其三，零售筹资平台用销售税偿付的债务 20.5 亿美元。其四，租赁收益债务和代发收益债务 53.3 亿美元，由哈德逊开发公司等 10 多家公益公司举借。

上述四类筹资平台债务中，除用个人所得税偿付的教育筹资平台债务规模，从 2009 年 7 月开始与一般责任债务一样受法定限额约束以外，其他类型筹资平台债务均不受纽约市法定债务限额约束，但要统一计入政府债务余额。还有一些筹资平台依靠发行债券为资本项目筹资,不过债务没有计入政府债务。其中,两个最大筹资平台是水利筹资公司和交通筹资公司,2012 年 6 月末债务分别为 283.8 亿美元、315 亿美元,合计 598.8 亿美元,偿债资金来自纽约市民的专项付费。如考虑这两大筹资平台债务,2012 年 6 月末纽约市债务余额达到 1370.7 亿美元。

纽约州宪法规定,纽约市政府一般性债务余额不得突破全市应税房地产市值五年滚动平均估值 10%,其中一般性债务包括一般责任债务和用个人所得税偿付的教育筹资平台债务。2012 年 7 月 1 日,纽约市法定债务限额为 768.5 亿美元,一般性债务实际余额 526.8 亿美元,尚有 241.7 亿美元发债空间。市主计局(Office of the Comptroller)负责管理政府债务,主计长是民选官员,是市首席财政官员。主计局有 700 多人,其中债务处 60 多人,负责制定债务政策及与市预算管理局协调,履行债务组合管理职责以便降低成本及控制风险,以及组织一般责任债券、教育筹资平台债券及水利筹资平台债券的发行及风险管理等。

2011 年纽约市人均债务 8919 美元,属于美国人均债务最高的城市,是美国排名第 2 的芝加哥市人均债务的 1.48 倍,是纽约州府小城奥尔巴尼市的 4.07 倍。不过,从人均债务增幅来看,2000—2011 年期间纽约市人均债务增幅为 81.2%,比人口规模大、密度也大的美国十大城市(除纽约市以外)的平均增幅 135.2%要低一些。

美国市政债券市场:碎片化与公开化

本世纪以来,美国市政债券一级市场比较活跃,年度发行活动在 15000 次以上,年度发行规模从 2000 年 2500 亿美元左右增长到 2007 年

4700亿美元左右。2008年金融危机爆发以后，一级市场发行活动明显萎缩。2009—2010年受美国财政部鼓励发行“建设美国债券”（财政部需为州政府及市政府发行的建设美国债券支付35%利息补贴）政策影响，美国市政债券一级市场重归活跃，2010年发行债券达到16848次，发行规模达到4990亿美元。2011年受建设美国债券不再获准发行，各州和地方政府财政紧缩及预算压力加大，以及50个州中有超过一半以上的州长换届等多种因素影响，2011年市政债券发行次数仅有13463次，发行规模降到3550亿美元，平均每次发行规模为2637万美元。

美国市政债券发行具有明显的地域性、分散性，发行市场呈现典型的“碎片化”特征。2011年市政债券余额3.74万亿美元，大约由120万只债券构成。2011年公司债券余额11.5万亿美元，明显高于市政债券，只数却不足5万，远远低于市政债券。市政债券碎片化特征可见一斑。原因是：其一，发行活动分布在全国各州、市县及乡镇，发债主体众多，既有政府财政债务管理部门，又有筹资平台公司。其二，债券工具多种多样。市政债券通常根据资本项目特点决定其偿债资金来源、利息是否免税、债信是否增级、是否提前兑付等债务要素，兼顾投资者要求决定是否附带利息、利息是否固定、发行是否溢价等市场要素。如其中一种要素不同，债券工具自然不同。其三，综合考虑项目建设周期、收益回收周期及均衡偿债负担等多种因素，通常单次发行三种债券，每种债券往往又是自成一“串”（Serial），一串债券的到期日通常分布在十多个年度，最长期限为30年。

市政债券大多通过承销机制发售，即一个或多个券商或银行（俗称“承销商”）直接从发行人购买债券，再将债券卖给投资者。承销机制主要包括议价承销和竞价承销,2011 年议价承销的次数及面额占全年市政债券发行的比例分别为 54.4%、69.5%,竞价承销占比分别为 42.4%、26.3%;另定向发售占比分别为 3.2%、4.2%。议价承销是一种常用的承销机制,指发行人选定一个或几个承销商担任主承销商,由发行人及主承销商议定承销商家数、代销或包销方式,并根据市场条件相机决定和及时调整债券发售价格。竞价承销类似于债券拍卖,指各承销商在规定时间内单独投标,或分成两组或几组按组投标,利率成本最低的单个或一组承销商按投标价格从发行人买入债券,再按市场价格(通常高于投标价格)卖给投资者。

二级市场也有典型的“碎片化”特征。2006—2011 年市政债券年度交易额从 6.08 万亿美元降到 3.28 万亿美元,而年度交易次数从 847 万次升到 1039 万次,平均每次交易额从 2006 年 71.8 万美元降到 2011 年 31.5 万美元,碎片化特征日趋显现。其一,交易以券商或银行的自营(俗称“自营商”)为主,几乎不做买空卖空交易;以自营商之间的电话经纪或电子交易为辅,参与者仅限于自营商而非个人。其二,持有者以个人或零售投资者为主,特点为买入并持有到期,2011 年占比为 75.2%;1986 年税改政策大幅降低银行持有免税债券的税收优惠后,银行持有市政债券的占比从 1972 年 51%高点大幅降到 2011 年 7.6%。其三,流动性较低,平均每天交易 113 亿美元,明显低于公司债券(每天交易 206 亿美元);交易非常集中,一是集中在新发债券,老券很快退出流通,二是集中在少数自营商,前十大自营商的交易额占 1800 多家自营商交易总额的比例高达 75%。

为保护投资者合法利益,美国市政债券市场的监管重点是信息“公开化”,严防欺诈行为,主要包括以下五个方面:

其一，发行人需遵守“反欺诈”条款。1933年《证券法》和1934年《证券交易法》反欺诈条款规定，任何人严禁虚假发布重大事实或遗漏重大事实。市政债券发行人需按此条款披露信息，但不受其他条款约束。

其二，以承销商、自营商和经纪商为监管对象。受市政债券市场发展快、零售投资者广泛参与等影响，1975年制定《证券法》补充条款，要求市政债券从业机构必须向证监会登记，并以承销商、自营商或经纪商角色接受监管。

其三，以信息披露为监管内容。1989年制定《证券交易法》补充规定，要求承销商在债券卖给投资者前，应当尽早得到、核对及发布发行人的披露文件，以便投资者准确及时地获得披露信息；1994年进一步规定，承销商在发债前要承诺做好债券上市交易后的信息持续披露。

其四，以自律形式制定市政债券规则。1975年市政债券自律委员会（MSRB）依据《证券法》补充条款成立，主要负责制定市政债券承销及交易规则，目的是防范欺诈垄断行为，促进公开公平交易。2008年自律委员会按证监会授权建立了全美统一的市政债券信息披露电子系统，方便所有市场参与者、投资者及社会公众查询。

其五，分业多头监管。市政债券自律委员会仅负责制定市政债券承销及交易规则，不负责监管。从事市政债券业务的券商及从业人员由证监会监管，券商自律委员会（FINRA）协助证监会监管；银行及从业人员由联邦存款保险公司、联邦储备委员会和财政部货币局（OCC）监管。

考察美国市政债务管理及市场的体会及启示

通过考察加州集中管理政府债务和纽约市分散管理政府债务两个具

体案例,以及总结美国市政债券市场碎片化和公开化两大特征,我们对美国市政债务管理的正周期特点和市政债券市场的当地化特点有了初步体会,对“开好”我国地方政府债务管理“正门”和建立完善地方政府举债筹资机制也有了初步思考。

体会之一:美国市政债务管理具有“正周期”特点,州政府财政政策缺乏“逆周期”调控机制,地方政府财政管理更是没有调节本地经济的效力。

其一,各州各地政府债务涵盖范围不尽一致,但是债务统计口径均比较明确,而且前后一致,如债券资金是否纳入资本预算、偿债资金与预算资金关系、资金用在什么项目、偿债资金来源、偿债先后次序等,均于发债时对外发布。制度的公开透明为约束政府发债限制等提供了保障。

其二,各州各地举借债务通常受到本州本地债务指标限值的约束,如负担率(债务余额占居民收入的比值)、偿债率(还本付息占预算收入的比值)等,政府债务管理部门据此测算偿债负担和借债空间,为资本预算编制及审批提供依据。

其三,如遇经济危机或衰退,居民收入和预算收入明显减少,负担率和偿债率将明显升高,乃至突破限值。这将迫使政府采取紧缩性财政措施,要么削减资本项目,要么增加财政收入,甚至削减财政支出,或者几项措施并举。如债务规模过大,地方政府债务借新还旧都可能难以为继,本轮金融危机期间发生过少数几起市县政府不得已申请破产保护的案例。

概言之,州和地方政府没有逆周期调节本州本地经济波动的能力,而联邦政府承担着逆周期调节经济职责,这与接下来将要谈到的各州和地方政府仅负责本州本地资本项目而联邦政府承担着跨州项目筹建职责[2],成为美国各州和地方政府债务总额(及支出总额)明显小于联邦政府国债规模(及支出规模)的重要体制原因。

体会之二:市政债券市场具有“当地化”特点,分布在各州各地的债券市场主要是为当地市政项目建设提供筹资服务。

其一,市政债券市场尤其是一级市场具有典型的“当地化”特点,不仅分散在各州各地,而且在当地也分散于各个发行人或筹资平台,投资者主要分布在当地,二级市场也主要在当地。

其二,市政债券具有显著的项目化特征。一个市政项目筹资是发行一般责任债券还是项目收益债券或代发收益债券,取决于其公益化程度及预期收益能否涵盖债务还本付息,也受财政收入状况影响;发行几串债券、每串债券最长期限及还本付息年度分布,取决于项目建设周期及项目资产寿命。注重项目管理而非市场建设是市政债券市场的独特之处。

其三,大州大市大县市政项目建设任务较重,筹资规模及负债率高于小州小市小县;跨州项目通常由联邦政府负责筹建,跨市跨县项目由州政府负责;破产案例极少,市县政府一旦申请破产保护,州政府接管其公共服务,不代还债务。借债需要证实有能力偿债,破产也不能违约(1994年加州橙县政府破产时债务也得到偿付),这是市县政府乃至筹资平台需要直接面对的市场环境约束。

启示之一:是否授权地方政府继续实施逆周期调节经济的财政政策,是我国建立健全地方政府债务管理体系必须优先解决的重大认识问题。与美国州和地方政府债务规模不到联邦政府债务规模的四分之一,即州和地方政府债务规模远远小于国债规模相比,近几年来我国地方政府债务规模增长较快,尤其是地方政府筹资平台债务呈现快速增长态势,地方政府债务规模甚至大于国债规模。这种现象在主要发达国家乃至新兴市场国家中比较少见。究其原因,与地方政府依靠筹资平台举债配合中央政府实施积极财政政策有一定关系。从经济学原理及美国、德国、日本等大国中央和地方政府间财政关系分析,促进宏观经济持续健康发展是中央政府职能,为此中央政府需要实施逆周期调节经济的财政政策,以及中央银行实施逆周期调节经济的货币政策;地方政府没有促进宏观经济稳定发展职责,不宜实施逆周期调节本地经济的财政政策。当前我国建立健全地方政府债务管理体系应当以合理界定中央和地方在实施逆周期财政政策方面的事权为重要前提,逐步强化中央政府在逆周期财政政策方面的职责,相应弱化地方政府的逆周期财政职责,促使地方政府接受正周期财政管理约束。

启示之二:以疏导为主、开好正门,并以地方财力及财政偿债能力为基准,在政府债务指标上限以内按照相对稳定的"债务比例"(而非债务额度)核准地方政府及筹资平台的发债规模,应当成为我国建立健全地方政府债务管理体系的重要内容。纽约市主计局副局长凯罗尔·科斯蒂克(Carol Kostik)女士曾经指出,"纽约市设立筹资平台的宗旨是为了规避举借一般责任债务的严格限制,搞好市政项目建设及维护";美国其他县市及各州设立筹资平台的初衷也是如此。目前我国地方政府债务构成是以不够规范的筹资平台债务(即地方政府性债务)为主,规范的地方财政部门举借债务(以省级政府发行的地方政府债券为代表)为辅;而筹资平台债务构成是以向银行借款为主,发行债券为辅。建立健全地方政府债务管理应当以合理界定中央和地方政府间事权和支出责任为前提,相应增加经中央核准的地方政府自行发债额度,逐步化解筹资平台公司的公益性债务,做到疏导为主;按照财力与事权相匹配原则,合理划分地方政府财力，以地方财力及偿债能力为基准科学选定债务指标（如财政偿债率或债务负担率等）及确定指标上限，并在指标上限以内按照相对稳定的“债务比例”核准地方政府及筹资平台的发债规模，即经济越发达偿债能力越强、核准的发债规模就越大（应不同于转移支付机制），相应地对近年实施的地方政府自行发债“债务额度”核准模式予以调整，着力构建地方政府债务管理的主体地位，“开好”地方政府债务管理“正门”。

启示之三：探索建立地方政府发行债券制度，妥善处理地方政府债券与市政项目建设债券的关系，建立完善地方政府债券市场运行机制，为中国特色新型城镇化服务。目前我国地方政府债券采取财政部代还方式，以财政部代发及将省区市发债额度集中招标（即代发代还）为主，部分省市试点自办发行、单独招标（即自发代还）为辅，朝着探索建立规范的地方政府举债筹资机制迈出重要一步。随着市场监管重点从现场监管逐步转向信息披露，建议自发代还试点省市在本省市招标发行债券，突出地方政府债券“地方”特色，更及时、更便利地服务于当地资金需要；稳步扩大自发代还的试点范围，坚持债券集中登记托管，结合财政信息公开化进程，研究建立地方政府债信评级及风险权重评价制度，逐步从自发代还转为“自发自还”，回归地方政府债券“地方”本色。市政项目建设债券类似美国项目收益债券或代发收益债券。根据《国务院机构改革和职能转变方案》关于处理好政府与市场、中央与地方的关系，以及谁投资、谁决策、谁收益、谁承担风险的原则，应当清晰界定市政项目建设债券与地方政府债券的关系，明确地方政府债务的涵盖范围和口径，合理评估市政项目建设债券对地方政府偿债负担及借债空间的影响，进一步提高地方政府债务透明度；加快建立完善地方政府债券市场运行机制，适当下放及放开市政项目建设债券审批事项,推进市政项目(或筹资平台)债务"债券化",以及债券"项目化"(债券要素设计尽量符合项目筹资及建设需要)进程,以较低的筹资成本和市场风险,更好地服务于中国特色新型城镇化建设及城乡发展一体化需要。

注:

1. 与2009—2010年美国财政部鼓励各州和地方政府发行"建设美国债券"(Build America Bonds)有直接而密切的关系,参见下文"美国市政债券市场:碎片化与公开化"。

2."无论是单一制国家还是联邦制国家,在政府间事权划分方面都有大致的框架:中央政府是宏观经济稳定和收入再分配职责的主要承担者;资源配置(提供公共服务)虽然主要是州、地政府的职责,但全国性公共产品以及具有大范围规模经济和空间外溢的活动仍然需要中央政府承担或参与。"参见楼继伟:《中国政府间财政关系再思考》第267页,中国财政经济出版社2013年1月第1版。

(本文原载于《债券》2013年6月刊)

融资应为促进中小企业转型升级服务

——专访陈乃醒

《债券》:近年来中小企业融资问题备受政府部门关注。6 月 19 日,国务院常务会议明确提出,加大对小微企业等薄弱环节的信贷倾斜,并明确要求相关贷款增速不低于各项贷款平均增速、贷款增量不低于上年同期水平。为什么中小企业融资问题会如此受到重视?

陈乃醒:这要从我国中小企业在经济发展中起到的重要作用来认识。

从静态数字来看,目前中小企业数量占全国企业总数的 99%以上;中小企业所吸纳的就业人口占总就业人数的 75%以上,占新增劳动力的 80%;中小企业所缴纳的税收占全国一半以上;中小企业的出口交货值占全国总数的 60%以上。不难看出,我国中小企业的发展总体比较成功,中小企业不仅在解决社会就业问题上发挥着不可替代的作用,而且以其富有生机的创新活动,为经济增长提供了重要动力。

从动态发展来看,改革开放以来,由于中小企业拉动了大量就业,为社会创造了大量财富,也大大提升了人民物质文化生活水平。在劳动力资源得到充分利用的同时,我国也实现了非常重要的一件事——脱贫。

陈乃醒时任中国中小企业发展战略研究院特聘院长。

对此,中小企业发挥了巨大作用。近年来,我们看到社会上出现了“招工难”的现象,这是一个问题,但同时也表明了中国经济规模已经与人口规模相匹配,也就是我国的经济规模已经发展到容得下七八亿劳动力的水平,这是非常伟大的成就。

同时,中小企业为中国经济的稳定发展也发挥了重要作用。2008年,全球出现了由美国次贷危机引发的金融危机、经济危机,我国能实现率先复苏,中小企业功不可没。当时由于欧美国家普遍不景气,我国钢铁、基建等行业出口受到严重影响。但中小企业的出口产品是以日常生活用品为主,受到的波动较小。同时一批中小企业发挥“船小好调头”的优势,迅速实现了产品结构调整。所以,当年最先恢复的是中小企业,中小企业为稳定出口贸易发挥了重要作用,也带动了我国经济的整体复苏。

《债券》:由此看来,为中小企业提供融资服务是金融服务实体经济的重要一环。不过在现实中,我们经常看到对中小企业的融资受到很多掣肘。比如近期银行体系出现了一定的流动性紧张,我们观察到部分银行首先就收缩了对中小企业的贷款。您对于当前我国中小企业的融资环境是如何评价的?

陈乃醒:近几年,国家正加大支持中小企业的力度,从国务院到人民银行、银监会等部门都力推小微企业金融服务、为中小企业提供融资支持,对诸多中小企业的发展起到了重要作用。但中小企业融资难、融资贵的现象依然普遍存在。据我个人的调研,目前国内大中型企业的融资成本一般在年利率7%~8%,但中小企业的融资成本则高达年利率10%~12%。同时,中小企业以往存在的信息不对称、缺乏信任机制、抵押物缺失等问题都还没解决，目前实际贷款量和企业需求之间存在比较大的差距。

《债券》：您认为出现这种融资难、融资贵问题的原因何在？有哪些措施可以促进这种现象的改变？

陈乃醒：中小企业融资难的现实与中国银行的规模布局有关，大银行太多，小银行太少。我们过去讲，大人和大人玩，小孩和小孩玩，道理很简单。按照商业银行市场细分的原则，中小企业的金融服务应该由中小银行承担，而我国现阶段中小银行还是很少。从总量上看，截至去年年底，我国香港特区仅持牌银行数量就有155家，此外还有一些有限制牌照银行和存款公司。而内地银行总数量不过几百家。要改善中小企业融资环境，就要大力发展小银行，各个市都应该有自己的银行，乃至县级银行、村镇银行。

在金融机构小型化、多元化方面，获得诺贝尔奖的孟加拉教授尤努斯是全世界的一个榜样。起初是外国资助了他一笔钱，用于支持乡村发展，于是他干脆创办了一家乡村银行，并创造性地让贷款人返回部分资金作为投资、成为银行的股东，实现了可持续发展。这也说明孟加拉的金融机制很灵活，才能真正出现“穷人的银行”。

除了发展中小银行，我国还应该加大发展直接融资，通过股票市场、债券市场等，为中小企业融资服务。

同时，目前民间借贷对于中小企业融资实际也是有作用的，但是借贷利息很高，蕴含极大风险，亟须规范。

当然，除了金融领域之外，还应加大政府财政投入。从政府层面来说，我国《中小企业促进法》里也强调了资金支持，提出通过创新资金、服务平台建设资金等形式的财政支持,但还存在加强的空间。

《债券》:从资金供给的角度来看,中小企业的融资环境的确存在很多不足。从需求角度来看,以您在全国各地的广泛调研,中小企业对融资的真实需求究竟是怎样的?

陈乃醒:这个问题提得很好。我们要问:中小企业是不是都迫切需要钱?是不是都像人们所说的那么困难?这是值得探讨的。中小企业对融资的需求要分类别、分层次来看,不能一概而论。

首先,很多中小企业本身经营情况良好,有利润、不缺钱。以温州为例,温州的中小企业自改革开放以来挣到不少钱,很多中小企业把赚来的利润投到了虚拟经济中,因此温州的地下钱庄很庞大,房地产领域出现了温州炒房团。应该说,这些企业的正常经营是不缺乏资金的,但没有用在主营业务上。随着房地产泡沫越吹越大,今年终于遭遇重创,也是一个教训。

其次,很多行业的中小企业发展并不一定需要融资,如小型的餐饮业、零售业,如果盲目融资、扩大经营,则是很危险的。以粮油零售为例,一家粮油销售站所能覆盖的居住面积是一定的,其销量也是一定的,根据人口就可以算出来,一般不会一下扩大很多。如果通过融资来扩大库存,反而容易产生滞销,还需要给银行支付利息,得不偿失。对于很多中小企业而言,都应该遵循"少、快、灵"的理念来经营——进货少、销售快、周转灵,这样才能把生意做火,而不是靠银行贷款来铺摊子、增加库存。

另外,还有许多确实资金有困难的中小企业,缺钱的主要原因是经营失策所带来的困难。如果其经营水平没有得到提升,银行为其贷款也许能帮它度过眼前的困难,但显然会面临很大的风险。这样的企业得不到融资，是优胜劣汰市场机制的正常反馈。

《债券》：您认为不是所有中小企业的发展都需要融资，不过刚才您也提到中小企业融资难问题还是广泛存在的。那么哪些融资需求是应当得到满足的？

陈乃醒：传统合理的融资需求肯定还需要满足，比如为外贸企业提供的保理业务、为纺织行业提供的原材料储备融资等。

同时，要特别关注当前中小企业发展的一个现实问题——转型升级这一背景，把这个理解透了，就不难理解在此背景下应采取的融资策略。

当前，随着外部经营环境的变化，中小企业迫切面临着转型升级的问题。为什么这么说？因为构成生产力的重要因素——人力资源发生了重大变化。随着经济的不断发展，我国传统的劳动力低廉的优势已经不存在了，中小企业普遍出现“招工难”现象。这种人口红利的消失对中小企业的冲击尤为巨大。

随着劳动力流动性的增强、劳动力缺口的扩大，以及劳动力成本的提高，迫使企业从过去劳动密集型的模式转变为要素经营型模式、技术导向型模式。只有通过要素经营和技术提升，才可以摆脱对劳动力的过度依赖。

所谓要素经营，就是善于利用社会已有的生产要素进行适当的扩大生产，吸收过剩产能。当前，相当多的行业出现了产能过剩，诸如闲置的厂房、机器设备等，都可以通过各种方式整合过来使用。同时，随着社会专业化分工的不断细致与深化，开展新业务已不再像以前那样需要自己来打造全产业链条，基本的原料、产品等都可以通过购买、合作等方式来获得，这样就能通过要素经营和专业化生产来消化过剩的产能。比如，企业接到生产一批设备的订单,可以只造一个组装车间,其余的零配件都从其他地方购买。这样一来不仅成本投入低、生产速度快、见效快,而且一旦客户需求发生变化,转型容易、企业风险也小。

其次来看技术提升。技术提升的要点有两个:一是改进生产手段,具体表现在机械设备的升级换代、技术水平和生产方式的升级方面,这个很好理解;二是产品自身的升级,表现为增加产品本身的科技含量。对于后者,我遇到一个很好的例子。四川有一家薯业公司,公司创始人家乡盛产红薯,他就从原来的国家机关辞职下海为百姓卖红薯,之后的十几年他对红薯不断地进行革新。最早他只是卖红薯;后来发展到建厂加工红薯粉丝;之后他经过革新改造,使红薯粉条可以泡着吃,变成红薯方便面;后又不断改良加工工艺,一般粉丝都要加矾,他研究去矾,使该厂的红薯粉丝变成了绿色产品;再后来,他发现制作红薯粉丝时需要去掉里面的纤维,但这个纤维有促进胃肠蠕动的功能,于是他又升级了新的工艺,制作红薯方便面和粉丝时把纤维留在里面;再之后,他把产品配上了一些材料,生产出值钱又有营养的保健产品。小小的红薯,在有心人手中经历了数次技术革命,不断创造出新的价值。目前,这家企业已获得好几十项技术专利,公司产值不断翻番,发展势头很旺,这就是技术创新的成功案例。

对于中小企业而言,当前融资最主要的目的应当是围绕企业转型升级来展开,重点就是要素经营和提高技术两方面。对于为中小企业提供服务的金融机构来说,认识到这样的大背景,也就明确了为中小企业提供融资服务时应当考察的核心要点,这与以前相比也发生了变化。

(本文原载于《债券》2013 年 7 月刊)

深化国债管理制度改革　促进中国国债市场发展

翟钢

流动性可以说是国债市场的灵魂。不断提高国债市场流动性，一直是国债管理工作的重要任务。自1981年恢复发债，特别是本世纪以来，在人民银行、银监会和证监会等有关部门的大力支持下，顺应广大投资者的需求，财政部不断深化国债管理制度改革，促进国债二级市场发展，致力于提高国债市场流动性。概括而言，主要采取了五方面措施：

一是坚持市场化改革取向，不断提高国债发行效率。发行定价机制市场化是国债二级市场平稳运行的重要基础。1991年财政部尝试采用承购包销方式发行国债，开启了市场化发行之路。2012年已形成了1年期以下国债采用多种利率招标方式、关键期限国债采用混合利率招标方式、超长期国债采用单一利率招标方式的记账式国债招标体系。目前，所有记账式国债全部通过电子招标系统招标发行，招标方式包括单一利率招标、多种利率招标和混合利率招标，以混合利率招标方式为主。近几年来，每年50~60次的招标操作均能平稳顺利进行，发行效率很高，这对于

本文作者时任财政部国库司司长。

保障二级市场正常运行至为关键。

二是定期滚动发行关键期限国债,建立、完善国债收益率曲线。2003年开始滚动发行7年期国债,2009年已形成1年、3年、5年、7年和10年五个关键期限国债品种。同时,进一步完善国债期限结构,一方面不断延长国债发行期限,2001年开始滚动发行15年和20年期国债,2002年发行30年期国债,2009年成功发行50年期国债,成为继英国、法国之后第三个发行50年期国债的国家;另一方面,2006年开始注重增加发行1年以下短期国债。关键期限国债和超长期限国债的定期滚动发行,对于形成稳定、完整、可靠的国债收益率曲线,增加二级市场的深度与广度,具有很大的促进作用。

三是提前公布国债发行计划,促进二级市场平稳顺畅运行。财政部一直坚持公开公平原则,致力于提高国债管理透明度。2000年开始坚持每个季度召开一次国债筹资分析会,制定并公布下一个季度的国债发行计划。2003年开始在年初公布全年关键期限记账式国债发行计划,2013年开始在年初一并公布关键期限国债续发和储蓄国债发行计划,并坚持按计划发行国债。同时,积极拓展信息公开新方式,通过财政部门户网站和中国债券信息网等及时公布发行计划、发行结果等信息,印发国债宣传台历,标注关键期限国债发行日期、全部国债兑付日期等。这些新的方式有助于国债投资者事先全面了解国债发行兑付安排,进一步提高国债管理透明度,从而大大增强了国债市场的预见性和稳定性,有效降低了国债发行对二级市场定价造成的不利冲击,保证了国债市场健康稳定运行。

四是建立、完善国债承销团制度,注重发挥承销团成员在二级市场发展中的作用。从2000年开始在银行间债券市场组建了记账式国债承销团，2006年财政部、人民银行和证监会联合发布了《国债承销团成员资格审批办法》，建立了统一规范和相对稳定的记账式国债承销团制度。自2013年起财政部与国债承销团成员之间不再是行政审批关系，而是一种符合市场运行惯例的甲方乙方对等关系。目前，记账式国债承销团成员大体上由50家成员组成，其中多数成员都是人民银行公开市场业务一级交易商和银行间债券市场做市商，在国债二级市场运行中发挥着重要作用，保障了国债一级市场和二级市场的有效对接。

五是着力发展二级市场，健全二级市场运行机制。中国国债市场始建于1988年，当时主要是出于便利实物国债持有者的转让变现需要。1991年国债开始在上海证券交易所挂牌交易，一段时期内交易所国债市场居于主体地位。1996年商业银行从交易所市场退出后，陆续开办了银行间国债批发市场和柜台零售市场，以银行间批发市场为主、交易所市场和柜台零售市场为辅的国债市场格局逐步形成。1998年记账式国债全面取代实物国债，从源头上杜绝了假券的出现，对二级市场上国债交易的安全高效进行提供了极大的便利。2001年推出国债净价交易方式，使得国债买卖报价方式与国际惯例接轨。2004年推出买断式回购，丰富了国债交易工具，满足了投资者多样化的交易需求。2003年开始跨市场发行记账式国债，2005年所有记账式国债实现跨市场发行和交易，2009年上市商业银行获准进入交易所债券市场，有效地促进国债市场的互通互联。2011年银行间债券市场建立了新发关键期限国债做市机制，对完善国债价格形成机制和二级市场运行效率具有重要作用。

经过多年改革发展，中国国债市场取得了长足进步和很大成绩，当然，也存在一些问题，突出表现为二级市场发展明显滞后于一级市场，国债流动性有待提高。当前及今后一个时期,我们将按照“十二五”规划中有关深化国债管理制度改革的要求,与有关部门密切合作,与广大市场成员一道,着重从以下几方面加强国债市场流动性建设:一是加强法律法规制度建设,进一步完善国债市场的微观基础和运行机制。二是有效运用国债管理计量分析手段,科学制定国债发行计划(包括国债结构、发债节奏及偿债分布等),打造国债基准地位。三是建立二级市场国债做市支持机制,做好承销团成员、做市商乃至一级交易商制度之间的有效衔接,逐步形成国债市场的中坚力量。四是加强国债市场监测能力建设,鼓励编制与及时发布国债公允价值、国债收益率曲线等信息,建立完善国债收益率曲线,发挥在债券市场上的“定海神针”作用。五是促进国债期货市场稳健运行,加强国债现货、回购、期货等几大子市场之间的互相衔接与有效运用,进一步提高市场风险管理能力。

注:

1.2013年8月29日,亚洲开发银行和财政部在内蒙古自治区呼伦贝尔市联合举办了“国债市场流动性及中国案例研讨会”,本文摘自财政部国库司翟钢司长在此次研讨会上的重要讲话。会议主要内容包括:亚行发布“东盟成员国与中日韩3国”债券市场流动性技援项目研究成果,讨论中国国债市场流动性的影响因素以及提高中国国债市场流动性的政策建议,讨论中国国债承销团及做市商运行机制等。

(本文原载于《债券》2013年9月刊)

城镇化、利率市场化与资产证券化兴起：来自美国经验的启示

巴曙松　牛播坤

摘　要：资产证券化是20世纪最重要的金融产品创新之一。在改善居住条件、刺激房地产发展的大背景下，美国资产证券化的产生与利率市场化密切相关。美国先后出现了无分级设计的转手证券(MPT)、引入分级思想的抵押贷款担保债券(CMO)、基础现金流可再分配的住房抵押贷款支持证券(MBS)以及对资产池现金流进行主动管理的债务抵押证券(CDO)等多种交易结构。资产证券化产品的发展为美国金融市场注入了新的活力。

关键词：资产证券化　利率市场化　特殊目的机构(SPV)

资产证券化是20世纪金融市场最重要的创新之一。资产证券化的兴起与美国金融自由化的过程密切相关。回望20世纪60年代末的美国金融体系，前期高速发展的住房市场在金融体系内积累了大量长期贷款，金融机构资产负债错配严重；面对经济滞涨，美联储启动了利率市场化改

本文作者巴曙松时任国务院发展研究中心金融所副所长；牛播坤时任华创证券宏观金融分析师。

革。然而在改革推进过程中,信贷机构的流动性出现严重困难。为了化解信贷机构的流动性风险、继续支持居民购房,美国政府推动了资产证券化产品的发展。

与美国20世纪70年代的情形类似,在当前中国利率市场化不断推进的进程中,银行负债的稳定性趋于下降,资产负债期限错配问题凸显。同时,庞大的信贷存量、日趋严格的资本约束,均要求通过资产证券化的方式盘活存量。资产证券化可帮助金融机构减轻资产负债表负担,提高资金流转效率;拓宽企业融资渠道,降低融资成本;丰富金融基础产品种类,为金融行业提供新的业务蓝海。“它山之石,可以为错”,本文系统梳理了美国资产证券化市场发展脉络,以供大家参考。

美国资产证券化兴起的背景:利率市场化与金融机构资产负债表错配

美国资产证券化产品的产生、发展与房地产市场融资问题密切相关,而利率市场化进程中金融机构资产负债错配则起了催化剂作用。

(一)住房贷款资金不足,房地产刺激政策遭遇瓶颈

美国“大萧条”时期房地产市场和金融机构都遭受重创。银行等金融机构提供的住房贷款量急剧减少,且期限普遍缩短至3~5年,购房者又很难申请到再贷款。此外,州与州间经济水平、人口数量存在较大差距,但法律禁止银行等吸收存款的机构跨州经营,资金无法通过金融机构跨地区调拨。割裂的市场下,各州住房贷款规模、利率等差异巨大,低效的金融体系无法促进房地产市场发展。为此,20世纪30年代美国政府推出刺激房地产市场的一系列政策。

刺激政策以鼓励居民住房贷款为导向，因此解决贷款资金来源问题则成为政策持续的关键。考虑到金融机构可用于发放住房贷款的资金有限，1937 年由政府出资成立了联邦国民住房抵押贷款协会（Federal National Martgage Associtation，简称 Fannie Mae），即“房利美”。“房利美”属于政府机构，通过发行政府债券、短期票据等形式募集资金，从经联邦住房管理局等批准担保的金融机构处购买住房抵押贷款，为这些机构提供住房抵押贷款流动性，同时也将部分贷款打包出售给投资者。

“二战”后退伍军人增多，住房抵押贷款需求激增。1938—1948 年，“房利美”共购买了约 6.7 万笔住房抵押贷款，但 1950 年仅一年购买笔数就达 13.3 万。随着住房抵押贷款市场的不断发展，特别是进入 20 世纪 70 年代后婴儿潮一代开始购房，仅靠“房利美”已无法满足美国金融机构发放住房贷款所需的资金。

（二）利率市场化改革启动，储贷协会资产负债错配严重，面临流动性风险

储贷协会和互助储蓄银行合称储蓄机构，主要集中个人资金满足家庭住房支出等临时需求，以填补商业银行在小额储贷市场的投放不足。1932 年成立的联邦住房贷款银行委员会 FHLBB 是其主要监管机构，又被称为“储蓄机构的中央银行”。根据要求，储贷协会必须将大部分资金用于发放住房抵押贷款。

《1933 年银行法案》（“Q 条例”）规定，美国对利率实行管制：联储成员银行对 30 天以下活期存款不支付利息，其余存款利率不超过规定上限。20 世纪 30 年代到 60 年代中期，美国经济外部环境稳定、利率较低，储贷机构经营状况良好；然而 60 年代后期通货膨胀高企，居民储蓄意愿

不断下降。在这样的背景下,1970 年美国启动利率市场化改革,首先取消了 10 万美元以上的大额存款利率上限。然而大量小额储户无法享受到这一改革红利,再加上当时短期国库券最小面值从 1000 美元上涨到 10000 美元,小额储户纷纷改投货币市场基金。在存款搬家、金融脱媒的大势下,存款类机构出现经营困难——储蓄贷款协会便是其中之一。

负债方面,储贷协会原有的融资途径已无法满足日渐增长的住房抵押贷款需求。吸收存款是储贷协会重要的融资方式,与商业银行相比,储贷协会吸收存款具有一定价格优势:由于不是联储成员,储贷协会一度不受"Q 条例"管制;1966 年颁布的《利率控制法案》将储贷协会纳入利率上限管制,但为了能够吸引资金进入抵押贷款市场,储贷协会的利率上限较商业银行高 75 个 BP。在货币基金等产品竞争压力下,这种价格优势的竞争力十分有限。打包出售贷款是储贷协会的另一重要融资途径,但如前文所说,"房利美"作为住房抵押贷款购买方,其购买能力受制于自有资金规模、举债成本等,无法满足不断膨胀的住房抵押贷款市场需求。

收入方面,利率市场化进程中储贷协会陷入期限错配困境,流动性风险逐渐暴露。长期以来,储贷协会吸收公众短期浮动利率存款,然后将存款投入个人住房抵押贷款市场。30 年期、固定利率、每月等额还款的贷款是美国最常见的房贷类型,储贷协会是该类贷款的主要提供者。储贷协会的收入基本被锁定,在存款利率上限不断被提高后,储贷协会利差收入日益缩小;住房贷款期限长,无法满足活期储蓄对流动性的要求。在严重的资金成本收益不匹配、期限结构失衡下,储贷协会陷入经营困境,部分机构出现亏损。

(三)成立政府信用担保机构,发行住房抵押贷款担保证券

为解决住房抵押贷款市场资金供求矛盾,1968 年国会通过了《住房

与城市发展法案》。法案旨在提高住房抵押贷款市场流动性,并允许发行住房抵押贷款担保证券(MBS)。

为配合 MBS 的发行,政府首先将“房利美”拆分为新“房利美”和“吉利美”(Government National Mortgage Association,简称 Ginnie Mae)两家公司。“吉利美”是政府全资机构,专为住房抵押贷款证券化产品等提供担保,隶属于美国住房与城市发展部(Department of Housing and Urban Development,HUD),担保以美国政府信用为基础。而新“房利美”转变为上市公司,不再由政府全资拥有;公司仍致力于为经 FHA 等批准担保的住房抵押贷款二级市场提供流动性。为保证“房利美”同时实现股东利益和支持中低收入家庭购房的公共职能,财政部为其提供了 2250 亿美元授信,并由 HUD 监督其经营。改制后的“房利美”实质上仍拥有隐性的政府信用。

为进一步释放房地产市场活力,两年后的 1970 年,《紧急住房融资法案》授权成立了“房地美”(Federal Home Loan Mortgage Corporation,简称 Freddie Mac)。“房地美”由联邦住房贷款银行(FHLBanks)成员所有,日常经营由联邦住房贷款委员会(FHLBB)负责,并最终于 1989 年公开上市;其监管机构同样是住房与城市发展部(HUD)。“房地美”与“房利美”可购买的贷款进一步放开至未经 FHA 批准担保的住房抵押贷款,两者在性质上同属政府支持企业(Government-sponsored Enterprise,GSE),承担了确保住房贷款市场稳定性、流动性、可支付能力的职能。自此,完整的抵押贷款二级市场基本建立。

1992 年,住房与城市发展部下成立了联邦住房企业监督办公室(OFHEO),专门负责监管“房利美”“房地美”。2008 年,美国政府接管“房地美”“房利美”后,监管机构变为联邦住房金融局(FHFA)(见图 1)。

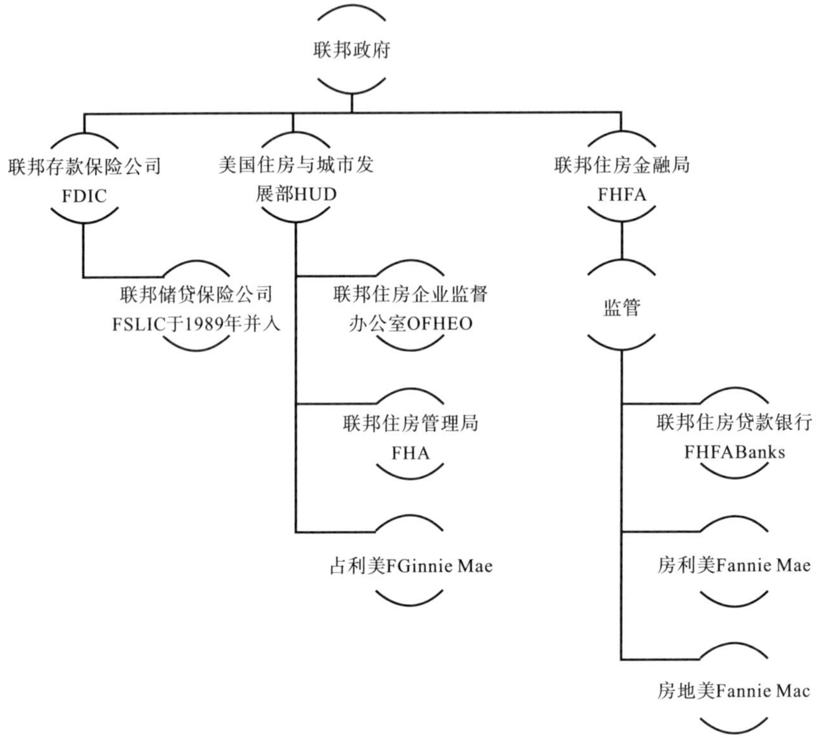

图 1　美国政府住房贷款监管体系

1970 年,“吉利美”率先推出了第一单 MBS 产品——吉利美抵押贷款转手证券(GNMA),开启了美国资产证券化时代。

从现金流转付到资产池主动管理,资产证券化产品交易结构推陈出新

(一)1970—1986 年,早期资产证券化交易结构较为简单

1.住房抵押贷款转手证券(MPT):产品期限极其不确定

住房抵押贷款转手证券(Mortgage Pass-through Security,MPT)出现

于1970年，由贷款资产池提供支持，偿付现金流来源于资产池中每笔贷款的每月还款额（见图2）。由于每月还款由借款人经证券发行人“转手”至该证券的投资者，所以又称为转手证券。出于避税的考虑，MPT采用信托型特殊目的实体（SPV）的形式发行，但这种信托在法律上禁止发行人对现金流进行任何主动管理，因此MPT期限与住房贷款本身期限高度匹配。

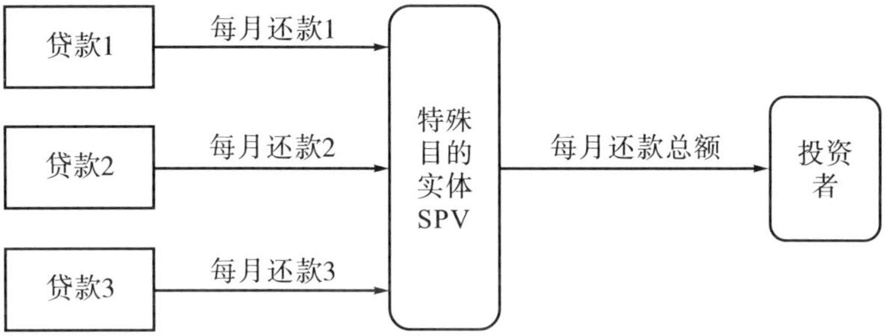

图2　MPT交易结构

1970年，MPT首年发行规模仅4.5亿美元，但1979年就已达到281亿美元，前十年的年复合增长率高达51.2%；1985年更是达到了1079.3亿美元的规模。尽管MPT广受市场欢迎，但它也存在着明显缺陷。首先，30年期限对于投资者而言，时间太长；其次，利率上升环境中提前偿还现象越来越多，而发行人不能对现金流进行再投资、再分配，使得MPT期限变得无法确定。

2.抵押贷款担保债券（CMO）：首次引入分级思想

MPT不能对基础资产现金流进行再分配，为绕开信托在法律和会计方面对此的限制，抵押贷款担保债券（Collateralized Mortgage Obligation，CMO）应运而生。CMO不是严格意义的资产证券化产品，而是以一系列期限结构不同的MPT为担保发行的债券产品，不存在真实出售等资产证券化产品基本特征。CMO普遍采用分级形式,发行人得以对现金流进行人为管理(见图3)。

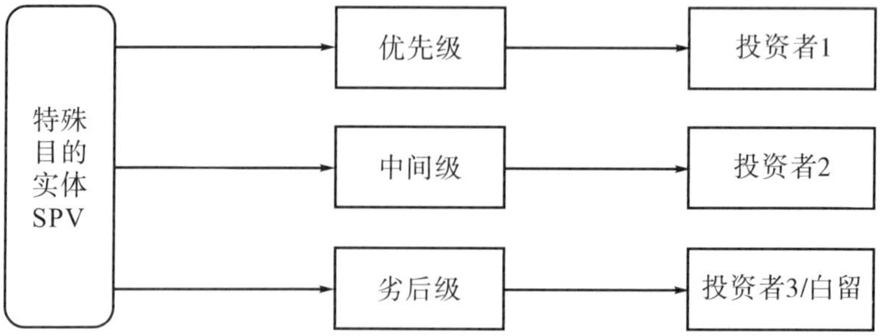

图3　抵押贷款担保债券CMO交易结构

CMO对抵押贷款市场产生了革命性的影响。由于引入了分级设计,优先级现金流的提前偿还风险大大降低,产品等级得到了显著提高。通过CMO间接投资MPT的投资者群体大规模扩张,寿险公司、养老金等也纷纷加入CMO投资者行列。

更重要的是,通过CMO的形式,基础资产不再局限于抵押贷款,还可以是一组CMO的二次证券化,即CMO2。这种层层打包的形式,并没有改变原始贷款池的规模、风险,但随着衍生出的债券数量的增加,收益和风险被多次重新分配,源头已难以追溯。

CMO的局限性也十分明显:与资产证券化产品相比,缺少资产出售的担保债券本质是发行人的负债,其规模越大,发行人财务负担越重,资本金消耗越高,最终无法满足20世纪80年代美国房地产市场的高速发展。

(二)1987年至今,多档分级结构成为资产证券化的基本特征

1.住房抵押贷款支持证券(MBS):基础现金流可再分配

CMO给发行人带来的财务负担过重又无法享受信托的税收优惠,这

成为资产证券化市场发展的绊脚石。1986 年,经过多方努力,《1986 年税收改革法案》中允许设立房地产抵押贷款投资渠道信托(Real Estate Mortgage Investment Conduit,REMIC)来发行资产支持证券,在享受信托税收优惠的同时,也允许对现金流进行主动管理。REMIC 的出现,进一步推动了住房抵押贷款证券化的发展。REMIC 型 MBS 通过将现金流分割为不同期限档次来解决提前偿还问题,但它也无法降低资产整体风险程度,只是将风险在不同级证券间重新分配。由于几乎所有的 MBS 都采用分级设计,有时也将 REMIC 信托模式的 MBS 产品称为 REMICs。

进入 20 世纪 90 年代,分级设计越来越极端,出现大量高风险的奇异型 REMICs。1994 年 2 月,美联储提高利率以控制通胀。不到 3 个月时间内,奇异型 REMICs 价格暴跌,许多高杠杆的投资者破产,经纪公司拒绝做市,并波及整个 REMICs 市场。1994 年,机构担保 REMICs 发行规模减小了 2/3,降至 1200 亿美元;非机构担保 REMICs 发行规模减小 1/3,降至 630 亿美元[1]。1995 年进一步分别减少到 240 亿美元和 110 亿美元。直至 1996—1997 年,市场才逐步恢复,此时产品在设计方面已有大量改进。

2.债务抵押证券(CDO):资产池内产品可进行主动管理

在 REMIC 型资产证券化产品中,SPV 作为一个空壳企业,唯一的资产是信贷机构销售的贷款包,唯一的负债是其发行的资产证券化产品。SPV 本身不具备对贷款池的实际管理能力,服务人的权限仅限于收集、处理、再分配现金流。随着资产证券化业务的不断发展,更具创新性的产品——债务抵押证券(Collateralized Debt Obligation,CDO)产生。CDO 也设立 SPV,但允许发起人对基础资产进行实质性管理,即对资产池中的产品进行主动管理。根据基础资产的不同,CDO 分为贷款抵押证券(CLO)

和债券抵押证券(CBO)。

由于引入了分级结构,优先级较高的CDO产品获得的保障可以高于基金产品,因此CDO在20世纪90年代后期受到广泛欢迎。1997年CDO市场发行额约为240亿美元,2006年已升至3320亿美元。

对于投资者而言,购买CDO产品的好处在于获取溢价的同时,可以达到多样化分散投资的目的。例如,CBO产品对应的基础资产是一个动态管理的债券池,投资者购买CBO相当于同时投资一组债券,有效分散了投资风险。同购买债券基金相比,CDO分级带来的信用增进效果是基金这种等份额设计所不具备的。

信用增级是资产证券化产品不可或缺的设计安排

信用增级是资产证券化产品的重要特征。美国常见的信用增级方法有内部增级、债券保险、母公司信用担保、备用信用证等,部分MBS拥有"房地美""房利美"等提供的类政府信用担保。

(一)内部增级

内部增级是最常见的信用增级方法,其主要形式是对资产证券化产品进行分级。发行人将现金流分为若干个优先级和劣后级,即A/B级结构。一旦出现违约,先由劣后部分吸收损失,从而保证优先级不受影响。举例来说,基础抵押贷款AAA级预期损失率约2.32%,则全部现金流的97.68%可获得AAA评级;基础抵押贷款中1.32%被评为AA级,则1.32%的现金流获得AA评级;余下的1.00%为B级,由发起人自行购买。内部增级的另一种形式是超额抵押,即基础资产池的规模大于发行资产证券化产品的规模,超额部分可用于吸收损失。

（二）债券保险

债券保险专门为债券可能发生的损失提供保险。当基础抵押贷款现金流不足以支付利息从而造成债券违约时，债券保险可提供损失补偿。通常债券保险人会对非机构担保债券提出一些要求，如建立准备金账户、安排超额抵押等。债券保险公司多具有 AAA 信用评级，经过它保险的资产证券化产品也获得同样级别的信用评级。

（三）母公司担保、备用信用证

发行人还可以选择由母公司提供信用担保。在这种情况下，资产证券化产品可拥有与母公司一样的信用评级。

备用信用证多用于短期产品交易，商业银行以信用证的方式为产品提供信用增级，相应地，产品可获得与该银行相同的信用评级。

这两种方式都未广泛应用。

（四）政府支持企业担保

对于 RMBS 产品，还有特殊的信用增级方式：由“房地美”“房利美”和“吉利美”提供担保。其中由“吉利美”担保的产品具有与政府相同的信用，由“房地美”和“房利美”担保的产品，信用等级与美国政府非常接近。

资产证券化为金融市场注入新的活力

（一）资产证券化为美国证券业带来新的机遇

1.投资银行负责协调法律、会计、税务等多方关系，并在产品设计创新中扮演关键角色

前文提到的对资产证券化市场产生革命性影响的 CMO 产品，便是所

罗门兄弟和第一波士顿在1983年为“房地美”创新设计的分级产品。CDO产品出现后,还有大量的证券公司、基金公司将持有的债券打包发售CBO产品,20世纪80年代以“垃圾债券”业务闻名的Drexel Burnham Lambert是该类业务的先锋:通过分级,它以一系列非投资级的垃圾债券为基础设计出了AAA级产品。

2.投资银行扮演承销商角色,为资产证券化产品定价、承销

一级市场承销收入是券商参与资产证券化产品的最直接收入。20世纪90年代,美国资产证券化产品承销量约占债券承销总规模的30%~40%;进入21世纪后,比例一度升至67.9%;在金融危机的影响下,资产证券化产品发行规模显著减少,承销占比也在2010年降至10.4%。然而近年来随着金融市场回暖,资产证券化产品发行和承销规模开始回升。2012年,摩根大通以281亿美元的资产证券化产品承销规模排名全美第一,占全市场的14.9%;巴克莱、花旗、美国银行紧随其后,市场份额均超过10%。

3.为保证资产证券化产品二级市场的流动性,投资银行提供做市、大宗交易的服务

从成交量看,资产证券化产品是美国债券市场上仅次于国债的活跃品种。近年美国债券市场日均成交量约8000多亿美元,其中国债、市政债、联邦机构债成交保持在5000亿美元上下,而MBS等资产证券化产品成交量约2500亿至3000亿美元,远高于公司债日均150亿至200亿美元的成交规模。

(二)资产证券化产品的信用增级安排拓展了投资者范围

无论机构风险偏好高低、负债期限长短,都可以在资产证券化产品中

找到对应的投资档级。以相对规模最大的 MBS 产品为例，持有人有美联储、财政部、"房地美"、"房利美"等政府机构，也有银行、基金、保险、养老金等金融机构。

美国资产证券化发展之路的启示

从美国资产证券化市场发展的路径来看，有几点具有启发意义：

（一）资产证券化是美国支持房地产融资、解决贷款资金来源的盘活存量之道

长期以来，美国政府在住房贷款等方面对购房居民予以政策倾斜，极大地促进了房地产市场发展。随着适龄人口不断增多，金融机构仅依靠吸收存款、转让信贷等传统融资方式已无法满足日益增长的贷款需求。通过资产证券化将长期贷款资产盘活变现，成为化解房贷资金矛盾的最佳选择。

（二）利率市场化是资产证券化兴起的催化剂

20 世纪 30—60 年代，美国通胀温和、利率稳定，储贷协会等金融机构经营状况良好。然而进入 70 年代，滞涨等问题倒逼联储启动利率市场化改革，此时储贷协会长期以来面临的资产负债错配问题被进一步放大，流动性风险上升，而其被赋予的支持美国房地产市场的公共职能又要求它必须为居民提供住房贷款。在这种背景下，发行住房贷款证券化产品成为必然选择。

（三）信托法律关系的创新完善是美国资产证券化大规模发展的充分条件

由于早期法律不允许对信托 SPV 的资产和收益进行管理，最初的住

房贷款证券化产品采用“转手”形式,期限额度极不稳定。为了克服这一缺点,市场首先出现了以一系列转手证券为担保的普通债券产品,成功绕开 SPV,实现现金流分级。随后又推动立法,允许对住房贷款还款现金流进行再分配。当基础资产范围不断拓展,又出现了允许对资产池进行主动管理的债务抵押证券。法律法规的演变丰富了资产证券化产品的交易结构,新的产品设计需求又反过来推动了立法的不断完善,两者相辅相成,是促进资产证券化产品大规模发展的重要因素。

(四)投资银行的持续创新和产品设计逐步优化了资产证券化产品的交易结构,使其在定价、风险等方面更能为投资者所接受

现金流不稳定是早期困扰资产证券化产品投资者的主要问题。为克服这一缺陷,所罗门兄弟和第一波士顿公司创造性地采用了多档分级设计,对资产证券化的发展产生了深远影响。20 世纪 80 年代末,华尔街又推出可对基础资产进行主动管理的债务抵押证券,从而将资产池范围从单纯的房屋贷款扩展至债券等各种具有稳定现金流的金融资产。此外,为降低兑付风险,产品发行前普遍安排了债券保险等外部信用增级措施。投资银行的不断创新为市场提供了多样化的收益、久期组合,满足不同投资者的配置需求。

注:

1. 由“吉利美”提供担保或由“房地美”和“房利美”发行并自担保的,称为机构担保证券(Agency Guaranteed Security,AGS);采用其他信用增级方式的,则称为非机构担保证券。

(本文原载于《债券》2013 年 11 月刊)